児童・生徒支援のための
# 教育相談入門

鶴田 一郎 著

北樹出版

## はじめに

　本書は教職科目「教育相談」のテキストとして企画されたものですが、そもそも「教育相談」とは、どのような活動なのでしょうか。今や学校教育をめぐる諸問題が日常の新聞やニュースで報道されない日はないほどの現状があります。その内容は、不登校・いじめ・非行・自殺・学級崩壊・学力低下などですが、一つとして見落とすことができない大切な問題です。そのような背景もあり、1989年4月より、教員免許状取得のための教職必修科目として、「生徒指導・教育相談・進路指導」（2単位）が設定されました。現在では4単位必修という形をとっていますが、それは、このような活動実践に必要な理論と技法が教員にとって不可欠のものとなってきているからです。

　個々の教職課程設置機関によって若干の差異はありますが、「生徒指導論」（進路指導を含む）2単位・「教育相談」（カウンセリングの基礎を含む）2単位の計4単位必修という形式になっている所が多いかと思います。そもそも教育相談は生徒指導の一環であり、その中心的な役割を担うものであると位置づけられます。生徒指導とは、学業指導・進路指導・適応指導・社会性と道徳性の指導・健康と安全指導・余暇指導などを含みますが、教育相談は、その内、特に学業指導・進路指導・適応指導を中心に、それぞれ「学業相談」「進路相談」「適応相談」という名称の下、生徒指導と相互補完的に行う活動を指します。

　以下、「教育相談」について、一般の方々にも理解していただけるように平易な文章を心がけますが、学生諸君は無論のこと、ご一読下さった方々からのご意見・ご感想をいただけましたら、著者としてこれ以上の喜びはありません。最後になりましたが、本書出版の機会を与えて下さった北樹出版なら

びに担当の木村哲也氏・古屋幾子氏、教育相談の分野についてご指導いただいております國分康孝・久子先生ご夫妻・田畑治先生・伊藤隆二先生に心から御礼申し上げます。

　　平成17年10月　　　　　　　　　　　　　　　　　　　鶴田　一郎

## 目　次

はじめに

I 理論篇……………………………………………………………9
 [1] 教育相談とは………………………………………………10
 [2] 教育相談の三領域…………………………………………12
  （1）　学業相談　(12)
  （2）　進路相談　(13)
  （3）　適応相談　(14)
 [3] 教育相談のプロセス………………………………………15
  （1）　カウンセリングのモデル——コーヒーカップ方式　(15)
  （2）　リレーションをつくる(面接導入期)　(16)
  （3）　問題をつかむ(面接中期)　(18)
  （4）　処置(面接後期)　(18)
 文　献……………………………………………………………20

II 技法篇……………………………………………………………21
 [1] マイクロ・カウンセリング概説…………………………22
  （1）　マイクロ・カウンセリングとは　(22)
  （2）　二つのモデル　(22)
  （3）　マイクロ技法の階層表　(23)
  （4）　マイクロ技法の連続表　(24)
 [2] 技法の練習…………………………………………………25
  （1）　カウンセラーの非言語的表現　(27)

　　　　（2）　クライエントの観察技法　(27)
　　　　（3）　励まし技法　(29)
　　　　（4）　閉ざされた質問　(30)
　　　　（5）　開かれた質問　(30)
　　　　（6）　言い換え　(31)
　　　　（7）　要約　(33)
　　　　（8）　感情の反射　(33)
　　　　（9）　意味の反射　(34)
　　　　（10）　焦点あわせ　(36)
　　文　献……………………………………………………………38
Ⅲ　事例篇……………………………………………………………39
　1．自殺未遂の専門学校生とのケース(事例1)………………40
　　［1］　事例の概要……………………………………………40
　　［2］　面接経過………………………………………………41
　　［3］　考　察…………………………………………………50
　　　　（1）　「気づくこと」―アウェアネス　(50)
　　　　（2）　「わかりあうこと」―了解　(51)
　　　　（3）　「共に歩むこと」―同行　(52)
　　　　（4）　「変わること」―変革体験　(55)
　　文　献……………………………………………………………58
　2．家庭内暴力の男子中学生の母親面接（事例2)……………59
　　［1］　事例の概要……………………………………………59
　　［2］　面接経過………………………………………………60
　　［3］　考察：「了解」の失敗について……………………70

　　　　（1）「了解」の失敗要因：1　了解の前提の欠如　(71)
　　　　（2）「了解」の失敗要因：2　「了解している」という思
　　　　　　 い込み　(72)
　　　　（3）「了解」の失敗要因：3　了解の限界　(74)
　　　　（4）「了解」の失敗要因：4　了解は相互理解に向かう
　　　　　　 プロセスであるという認識の欠如　(75)
　　文　献……………………………………………………………77
3．「引きこもり」の青年期男子クライエントへの訪問相談(事例3)………78
　　[1]　事例の概要……………………………………………………78
　　[2]　面接経過………………………………………………………80
　　[3]　考　察…………………………………………………………91
　　文　献……………………………………………………………97
4．アパシー状態にあった専門学校生との面接過程(事例4)……………98
　　[1]　事例の概要……………………………………………………98
　　[2]　面接経過……………………………………………………101
　　[3]　考　察………………………………………………………111
　　　　（1）アウェアネスと「沈黙」　(112)
　　　　（2）アウェアネスと「イメージ療法」　(114)
　　文　献……………………………………………………………116

# Ⅰ　理論篇

　　第Ⅰ部は、理論篇として、
　　　1．教育相談とは、
　　　2．教育相談の三領域、
　　　3．教育相談のプロセス、
　と述べていきます。

## ［1］ 教育相談とは

　教育相談の英語名称はEducational Counselingであり、直訳すれば、「教育分野におけるカウンセリング」である。つまり、学校現場で行われるカウンセリング活動ということになる。現在、学校現場では、不登校・校内暴力・無気力・非行・自殺などの問題の他、学業不振・進路保障など、問題が山積みの状態である。ただし教育相談が、それらに万能の特効薬と考えるのも間違いである。あくまでも問題・課題は教育活動全体の中で解決されるべきものであって、その活動の中に教育相談の視点を生かしていくという道を歩まなければならない。
　それではカウンセリングとは何であろうか。カウンセリングとは、人生上・生活上の何らかの問題に悩むクライエント（client：来談者）と心理学的な教育・訓練を受けたカウンセラー（counselor）が、主として言語的手段による面接を通じて、共に自己変容・自己変革していくことにより、クライエントの問題解決を図るばかりではなく、互いに自己を成長させ、共に生きることを目指すかかわりである。したがって、カウンセリングとは、クライエントが、自分という存在に気づき（自己発見）、それを受け容れ（自己受容）、自分としてどう生きるかを選択し（自己選択・自己決定）、その生き方に自分自身のあり方、生きる意味を見出し、自分の人生をより創造的に生きていく（自己実現）プロセス、と言える。このプロセスにおいて、カウンセラーは同行者（どうぎょうしゃ）として、クライエントと共にあり・共に考え・共に歩むのである。
　一方、カウンセリングの活動領域によっては、働く人の主として心の健康を扱う産業カウンセリング、病院や施設の中で行う医療・看護・福祉カウン

セリング、そして学校教育を背景とした学校カウンセリング（教育カウンセリング・教育相談）などがある。問題の対象によっては、幼児カウンセリング・障害児者カウンセリング・結婚カウンセリング・高齢者カウンセリングなどの分類ができる。理論や技法によっては、精神分析的カウンセリング・行動カウンセリング・来談者中心カウンセリングなどに分けることも可能である。さらに、宗教的立場からは、仏教カウンセリング・教会カウンセリングなど、対象の人数によっては、個人カウンセリング・集団カウンセリングなど、さまざまな名称がつけられている。

　それでは、教育相談（学校カウンセリング）とは何であろうか。以下に箇条書きにしてまとめてみた。

○ 教育相談は、児童・生徒指導の一環として行われる。
○ 教育相談の対象は、児童・生徒の相談を中心として、その両親・家族の相談、教職員へのコンサルテーション、教育センター・児童相談所・青少年センターなど各種教育相談機関との連携、学校が設置されている地域社会との連携などがある。
○ 主たる対象である児童・生徒とは、年齢的には6歳から18歳の小学校1年生から高校3年生（定時制高校の場合は高校4年生）までである。場合によっては、18歳未満の卒業生、高校中退者を対象に含むことがある。
○ 相談の内容は、学校教育を背景とした適応相談（例：不登校・いじめ・非行など）のみならず、学業相談・進路相談など、「治すカウンセリング」よりも「育てるカウンセリング」に重点がある。
○ 教育相談の担当者は、学校の教師を中心にして、学校内に設置されている教育相談室やカウンセリング・ルームの学校カウンセラーなどである。

## ［2］ 教育相談の三領域

松原（1994）によれば、教育相談を大別すると、学業相談（学業不振・学習意欲の喪失など）、進路相談（進学・就職など）、適応相談（不登校・いじめ・非行・校内暴力など）の三領域がある。

### (1) 学業相談

学業相談は、児童・生徒の学習活動に関する諸課題の相談である。松原（1994）によれば、学業相談の主な問題領域は「学業不振」「学習意欲の喪失」「教科の好き嫌いの激しい子の問題」「学習習慣の欠如」「学習習慣の欠如」「授業の受け方に問題」「試験の受け方に問題」「学習に興味のない子の問題」などのトピックスが考えられる。

学業不振（under-achievement）とは、学業成績が著しく劣る状態を言う。その判定法には、知的障害を除いて、次の二つの基準がある。①学習指導要領に提示されている当該学年の達成目標に到達していない場合。②学年または学級の平均と較べて成績が振るわない場合。この二つを通常、学業不振と呼んでいる。いずれも学習可能性としての知的能力に較べて学業成績が伸びていかない場合が学業不振である。学業不振の原因は、欠席・遅刻・病気・家庭不和・友人関係のトラブル・基礎学力の不足・勉強の仕方が上手でないなど、さまざま考えられるが、原因が特定できないケースもある。本人の能力や興味もあるが、教師側の問題（例：教授法の未熟）や学校施設の不備（例：理科教室の設備が不十分）もあり、本人と学習環境の歩み寄りがいずれにせよ必要である。

また、知的能力は普通以上あるのに、学習意欲がなくて、学力が伸び悩ん

でいる児童・生徒もいる。本人の興味や目標をよく聴いて、興味のあること（例：ピアノ）、得意な学科（例：音楽）、将来の目標（例：音楽を生かした仕事、例えば保育士）を明確にし、「ほめる」ことを中心に励ましながら相談・指導を進めていくと、もとより個々の学習教科はそれぞれに関連するものなので、音楽以外の科目にも意欲的に取り組むようになったケースもある。そのような指導の中で、教科の好き嫌いの激しかった子も、例えば体育（例：お遊戯やダンス、身体運動の保育のため）、美術（例：絵画指導、表現活動の保育のため）、国語（例：読み聞かせの保育のため）、理科や数学（例：数概念や自然に接する喜びを保育で教えるため）、社会（例：保育が置かれている社会状況の理解のため）など、その子の将来の目標と連動させて導くと、他の教科への意欲に繋がる場合がある。学習意欲の喪失に関する相談では、本人の興味や将来の目標を明確にすることによって、本人が徐々に学習習慣を立て直し、教員等の支援を受け授業や試験の受け方を学び、再び学習に興味を向け、主体的に学習活動に参画するようになる場合がある。

### (2) 進路相談

　学業相談のところで見てきたように、進路相談は学業相談の基礎づけになる活動である。本人の興味・将来の目標が、その時点・時点で多少の変更があるにせよ、進路の大まかな目標は「今、ここで」行っている学習活動の動機づけとなる。そのような意味で進路相談・進路指導は「その子ども自身による自分の生き方への自己指導」になりうる。自己指導とは、自分で自分を主体的に指導していくことを指し、進路の問題で言えば、本人が進路に関する発達課題に自主的に取り組み、自分の人生設計に基づいて進路を選択・決定し、やがて社会的・職業的自己実現を図るよう自らを指導できるようにすることである。この自己指導を目標にした進路相談・進路指導による援助を最も組織的・継続的に実施しているのが学校教育である。なお、進路指導・

進路相談の活動分野には、①生徒理解および自己理解を深める活動、②進路に関する情報を得させる活動、③啓発的経験を得させる活動、④進路に関する相談の機会を与える活動、⑤就職や進学に関する指導・援助の活動、⑥卒業者の追指導に関する活動などがあるが、いずれも児童・生徒個々の生き方を支援する「進路保障」の考えと、その人の一生涯を視野に入れた「キャリア発達」(career development) の理念に支えられた活動である。

### (3) 適応相談

適応相談を内容から見ると、不登校・いじめ・非行・校内暴力・心身症・夜尿症・神経症・統合失調症など、治療的活動を連想しがちであるが、それは「適応」という言葉がもつ多義性からである。適応に該当する英語は、adaptationとadjustmentの二つがある。adaptationは個人が環境に当てはまること、adjustmentは個人と環境が歩み寄る相互作用のことである。不登校を例に採ると、学校に行っていないA君（個人）は、学校という環境に当てはまっていないので、adaptationという考え方からは「不適応」ということになる。しかし、adjustmentの考え方から言えば、A君（個人）も学校という環境に歩み寄る必要があるが、一方、学校（環境）側もA君にあわせて歩み寄る必要があるのである。したがって、教育相談で言う適応相談とは、adjustmentの視点からの援助活動になる。

不登校・いじめ・非行などは、ここで言う適応相談の範疇に入るが、心身症・夜尿症・神経症・統合失調症などは専門機関への紹介・連携が必要になってくる。専門機関とは、教育相談所・児童相談所・精神保健福祉センター・医療機関・福祉施設などである。それらの機関と連携しながら、互いの知りえた情報を守秘義務に抵触しない方法で開示しあい、それぞれの活動に生かしていくことが大切である。また、不登校・いじめ・非行なども問題の内容によっては外部専門機関との連携が必要になってくる場合がある。特に

薬物使用に関しては、警察の生活安全課・青少年センター・矯正関係機関・専門病院などとの連携が必須になってくる。要するに適応相談の内容・程度に応じて、学校外機関と連携するか否かの判断が教育相談担当者に求められるが、判断がつきかねる場合は、校長・教頭・生徒指導主事などを通して、学校外部機関に直接協力を要請して判断を仰ぐ方法もある。

## ［3］ 教育相談のプロセス

### （1） カウンセリングのモデル――コーヒーカップ方式

　最も代表的で教育相談の三領域（学業相談・進路相談・適応相談）いずれにも適用可能な國分康孝（1994）の「コーヒーカップ方式」を紹介する。コーヒーカップ方式とは、カウンセリング（教育相談）の基本的プロセスを単純簡潔にモデル化したもので、モデル図の形がコーヒーカップの断面図に類似していることから、そのように命名された。

　國分のコーヒーカップ方式は、次のように端的にわかりやすく三段階に整理されている（國分, 1979）。

① 第1段階 面接導入期＝リレーション（relation：関係）をつくる段階
② 第2段階 面接中期＝問題の核心をつかむ段階
③ 第3段階 面接後期＝トリートメント（treatment：処置）の段階

　なお、コーヒーカップの深浅・縦長・横広などは問題による。しかし三本柱は必ずある。

16　Ⅰ　理論篇

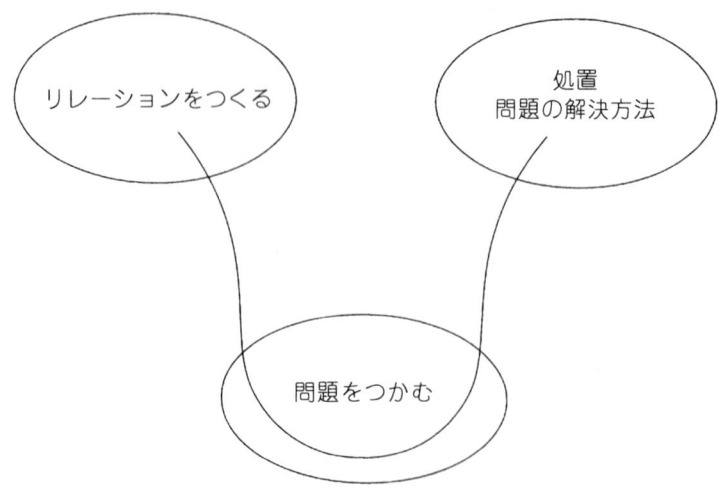

図Ⅰ—1　コーヒーカップ方式の三本柱 (國分, 1994)

### (2)　リレーションをつくる（面接導入期）

　面接初期の目標は、クライエントとの間にリレーションを形成することである。リレーションとは、二人以上の人間に感情交流・役割関係のいずれか、あるいは両方ある状態を指す。例えば、あたたかな感じが教室にありながらも（感情交流）、脱線せず（役割関係）、学習を進めている児童・生徒と教育者および児童・生徒同士にはリレーションがある。
　リレーション形成のためには、クライエント（児童・生徒、保護者や教師）との間に、あたたかい信頼に満ちた対人関係をつくる必要がある。具体的には、クライエントが「この人は自分の味方になってくれる」「自分の立場で話を聴いてくれる」などと思える信頼関係をつくりあげることである。その

際のカウンセラー側の姿勢・態度・心構えは次の3点にまとめられる（日本教育カウンセラー協会, 2004）。

### 1） ワンネス（Oneness）

ワンネスとは、お互いの内的世界を共有することである。すなわち、クライエントと心を一つにすることである。そのためにはカウンセラーは感情体験の幅を広げる必要がある。それは普通の人が日常生活で体験すること（例：経済上の苦労・人間関係の悩み・職業生活上の悩み）を、もう一度意識化してみることによって可能になる。また、例えば「児童・生徒は教師に従順であるべきだ」「教師は聖職者であるべきだ」など、「～であるべきだ」というような特定の考え方に固執する態度を捨てることも大切である。

### 2） ウイネス（Weness）

「われわれ意識」「身内意識」である。それを育てるためには、①クライエントにあたたかい目で見守る（ただし、口で言わなくても日常の教育的かかわりから伝わることも多い）、②クライエントをほめる（「ほめて・ほめて・ほめて……ちょっと注意」くらい、ほめることを中心とする）、③具体的アクションを起こす（これは教師の場合、日常のかかわりがそのままこれに相当する。例：欠席した生徒の家に電話を入れる）ことが必要である。

### 3） アイネス（Iness）

カウンセラーが自己開示と自己主張を用いてクライエントに自分を打ち出すことである。ただ黙って傾聴するだけではクライエントに変容が起こらないことがある。時には禁止や指示を与えなければならない。それは生命の危険がある場合、特にである。しかし、ただ単に「～してはいけない」とか「～して下さい」と言っても、素直に従ってくれるクライエントばかりでは

ない。その際、自己開示（self-disclosure）が重要になってくる。自己開示とは、自分の考え（例：「死ぬための方法ではなく、生きるための方法を共に考えたい」）、自分の感情（例：「君に死んでもらいたくない」）、自分の行動（例：「君が生きるために僕ができる〜をしたい」）をオープンにすることである。

### （3） 問題をつかむ（面接中期）

面接初期から中期にかけての目標は、リレーションをつくりながら問題をつかむことである。そのための技法としては、言語的スキルと非言語的スキルがあるが、言語的スキルと非言語的スキルは融合され一体となっていることに意味がある。なお、技法の詳しい解説は第Ⅱ部の「技法篇」で行う。

### （4） 処置（面接後期）

面接後期の目標は、処置をすることである。処置には、①リファー、②ケースワーク、③スーパービジョン、④コンサルテーション、⑤具申、⑥カウンセリング（狭義）、⑦その他（内観法、対決法）の七つがあるが、目指されるべき要点は、適切な解決を試みて現実への復帰を図る再統合という点にある。

#### 1） リファー（refer）

リファーとは、他の機関や他の援助者に依頼することである。次の五つの場合はリファーする必要がある。
① 精神疾患（例：神経症・境界例・鬱病・統合失調症など）の場合は医師にリファーする。
② 法律の絡んでいるケース（例：学校事故の補償問題）。
③ 自分の守備範囲を超えるケース（例：数学の教師が国語の学業指導を行う）。

④　カウンセラー側の時間の余裕の問題（例：本来の職務で教育相談の時間が取れない）。
⑤　カウンセラーと利害関係が絡みあっている場合（例：知人の子どもの教育相談）。

なお、リファーする時の留意点として、クライエントに拒否感を与えないこと、リファー先を普段から数多く知っておくことが挙げられる。

## 2）　ケースワーク（casework）

環境に働きかけて個人を変える方法である。次の三つの方法がある（例：不登校）。
①　個人をある環境から他の環境に移す方法（例：一時的に適応指導教室に通わせる）。
②　環境そのものに働きかけて環境を変えること（例：学校環境の整備。保健室登校を認める）。
③　具体的なサービスを施すこと（例：個別の学習指導を施す）。

## 3）　スーパービジョン（supervision）

具体的スキル（技法）の指導である（例：授業の受け方、ノートの取り方、家庭学習の方法を指導する）。

## 4）　コンサルテーション（consultation）

情報提供（例：進路の情報）とアドバイス（例：学校見学・職場見学を勧める）など。

## 5）　具申（advice to management）

組織の長へのアドバイスである。困っているのは特定の個人かもしれない

が、その原因が、その個人の属する組織にある場合、組織の変革を考えなければならない（例：学校体制の不備による不登校の増加）。

6)　狭義のカウンセリング（personality counseling）
　原因が純粋に特定個人の情緒・人格にある場合、長期にわたるカウンセリングを継続することもある。

7)　その他
　内観法・対決法（コンフロンテーション：confrontation）など。

---

**【第Ⅰ部　文献】**

國分康孝（1979）『カウンセリングの技法』誠信書房。
國分康孝（編）(1994)『こころの科学 特別企画 学校カウンセリング』通巻58号、日本評論社。
松原達哉（編）(1994)『学校カウンセリングの考え方・進め方』教育開発研究所。
日本教育カウンセラー協会（編）(2004)『教育カウンセラー 標準テキスト初級編』図書文化。

#  II　技法篇

　第II部では、技法篇として、教育相談の三領域(学業相談・進路相談・適応相談)いずれにも適用可能な「マイクロ・カウンセリング」の技法について、まず概説を行った後、次に個々の技法について練習例を含めて紹介します。

## [1] マイクロ・カウンセリング概説

ここでは國分（1996）の見解に沿って、マイクロ・カウンセリングの概略を紹介する。

### (1) マイクロ・カウンセリングとは

マイクロ・カウンセリング（microcounseling）は、アイビィ（Ivey, A. E.）によって、1960年代後半に開発提唱された、多くのカウンセリング理論・技法に共通するエッセンスをまとめ、カウンセリングの実践および訓練モデルとして提示しているものである。

アイビィは、多数の面接技法を比較対照する中で、面接のスタイルには、ある共通のパターンと異なるパターンがあることに注目して分類を試みた。そして、それを整理した形で、カウンセリングの実践モデルとして、基本的かかわり技法・積極的かかわり技法・技法の統合を提示した。

また、面接の構造化として、①ラポール、②問題は何か、問題定義化、③問題解決の目標決定、④目標に対するアプローチの選択、⑤実行の五段階を提示し、これは多くの国でカウンセラーの実習モデル教材として使われている。

### (2) 二つのモデル

マイクロ・カウンセリングには、二つのモデルがある。一つは「マイクロ技法の階層表」（図Ⅱ—1）であり、カウンセリング技法の学習手順のモデルである。もう一つは「マイクロ技法の連続表」（図Ⅱ—2）であり、カウンセリング技法の使い方のモデルである。

## (3) マイクロ技法の階層表

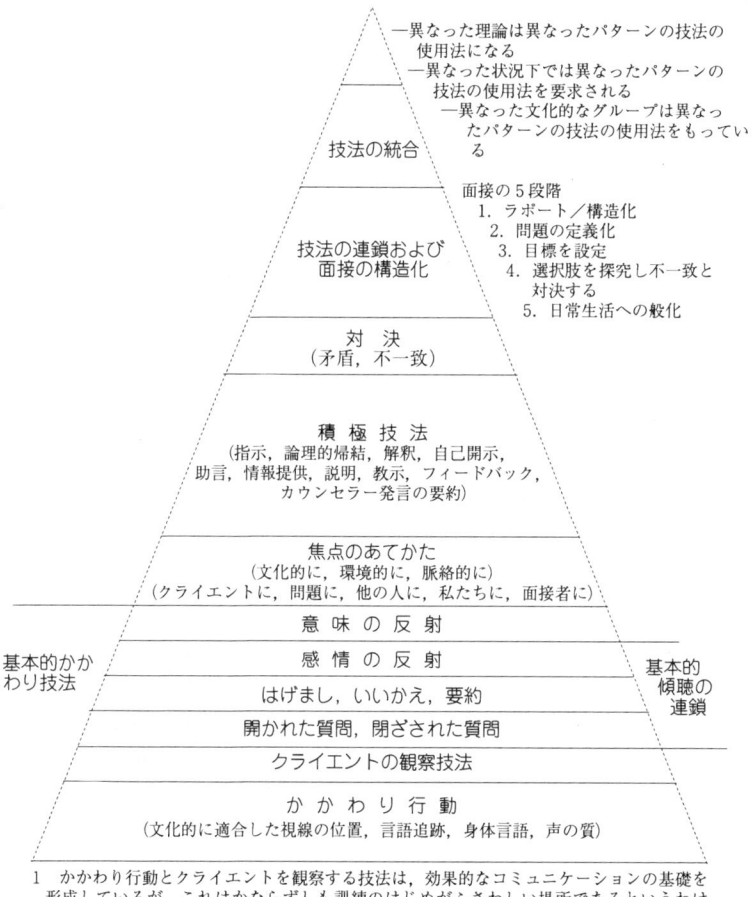

1 かかわり行動とクライエントを観察する技法は，効果的なコミュニケーションの基礎を形成しているが，これはかならずしも訓練のはじめがふさわしい場所であるというわけではない。
2 かかわり技法(開かれた質問と閉ざされた質問，はげまし，いいかえ，感情の反射，要約)の基本的傾聴の連鎖は，効果的な面接，マネージメント，ソーシャルワーク，内科医の診療時の面接やその他の状況下でたびたび見出される。

**図Ⅱ—1 マイクロ技法の階層表**（福原・椙山・國分・楡木, 1985）

前頁の図は、マイクロ技法の階層表である。このモデルは、下から上に向かって、基本的技法から難しい技法へと順序だてて配列されている。つまり、カウンセリングの訓練においては、三角形の底辺にある最も受身的な技法から、三角形の頂点にある最も能動的な技法まで、下から順々に上に向かって一つ一つの技法を習得していくのである。

 また、マイクロ・カウンセリングは、技法の教え方を次のように定式化している。①その技法の「ねらい」と内容の説明→②モデリングを用意する（ビデオ）→③受講生に実際に、その技法を練習させる（数分間）→以下、各技法にわたって同じ手法で繰り返す。

### (4) マイクロ技法の連続表

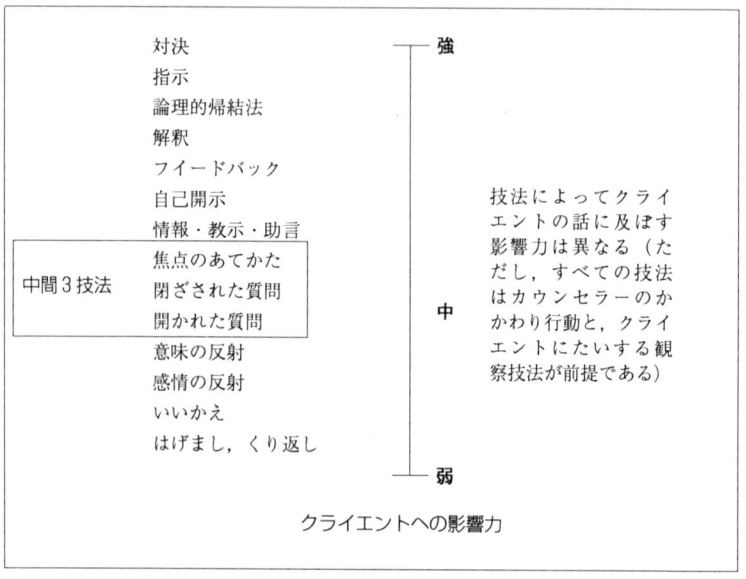

図Ⅱ—2　マイクロ技法の連続表（福原・椙山・國分・楡木, 1985）

前頁のマイクロ技法の連続表は、練習で身につけた技法を駆使展開する場合のモデルである。

## ［2］　技法の練習

　ここでは『マイクロカウンセリング』の翻訳者のお一人國分久子先生が作成された資料を参考に、「カウンセラーの非言語的表現・クライエントの観察技法」「励まし技法」「閉ざされた質問・開かれた質問」「言い換え」「要約」「感情の反射・意味の反射」「焦点あわせ」を順次練習していく。これらの技法は「基本的かかわり技法」と呼ばれ、初心者が、まず最初に学ぶべき技法である。なお、練習は、まず、クライエント役・カウンセラー役・観察者を決め、順次交代しながら3回行うことが基本であるが、それぞれの回が終わった後、次のような「評価票」に記入し、3回の練習が終わった後、その「評価票」を見ながら、その練習全体を振り返る話しあい（sharing：分かちあい）を行う。

## カウンセリング練習評価票

| 左側 | スケール | 右側 |
|---|---|---|
| かまえや,かざりがなく,リラックスしていた | 10 9 8 7 6 5 4 3 2 1 (無防御) | かたぐるしく,きまじめで,緊張していた |
| あたたかみと共感性があった | 10 9 8 7 6 5 4 3 2 1 (共感性) | 理づめで,ことばのみを知的に追っていた |
| 相手のあるがままを受け入れ,質問にもいや味がなかった | 10 9 8 7 6 5 4 3 2 1 (受容性) | 詰問的,押しつけ的,我田引水のところがあった |
| ゆったりと間をおいて応答した | 10 9 8 7 6 5 4 3 2 1 (間) | せっかちでせわしなかった |
| 相手の要点を的確に把握した | 10 9 8 7 6 5 4 3 2 1 (理解力) | 応答がとんちんかんで話のかみあわないところがあった |
| 相手に興味,関心をもち,かつこれを相手にも態度で示した | 10 9 8 7 6 5 4 3 2 1 (熱意) | ほかのことを気にしながら応待していた |

聴き手は話し手の身になって自分を評価する。(○印で記入)
話し手は自分の実感で聴き手を評価する。(×印で記入)
観察者は話し手の身になって聴き手を評価する。(△印で記入)
注:採点がすみ次第,観察者,話し手,聴き手の順に各項目の点数を示しながら評価の根拠を説明する

(國分,1993)

## (1) カウンセラーの非言語的表現

【ねらい】　クライエントの自己表現を促進させる。
　　　　　①視線のあわせ方
　　　　　②座り方・表情・ジェスチャーなど
　　　　　　（ボディ・ランゲージ：身体言語）
　　　　　③声の調子・スピード・言葉づかい

【フィードバックの着眼点】
　　　　　①カウンセラーのクライエントへの肯定的関心が伝わったか。
　　　　　②クライエントが話しやすかったか。

## (2) クライエントの観察技法

【ねらい】　クライエントをより正しく理解する。
　(1)　非言語的表現
　　　　①視線
　　　　②座り方・表情・ジェスチャーなど
　　　　　（ボディ・ランゲージ：身体言語）
　　　　③声の調子・スピード・言葉づかい
　　　　④動作（補足性・同時性・非同時性）
　(2)　言語的表現
　　　　①キーワード・話題が変わる時
　　　　②漠然とした話し方の時・話題を繰り返す時
　(3)　外界の受け取り方
　　　　視覚型・聴覚型・感覚型

(4) 矛盾・葛藤
　①非言語的表現の矛盾
　②言語的表現の矛盾
　③言語的表現と行動の矛盾
　④言語的表現と非言語的表現の矛盾
　⑤対人関係の葛藤

【フィードバックの着眼点】
　①非言語的表現にパターンがあるか。どういうパターンか。
　②クライエントとカウンセラーの動作に調和があるか。
　③非言語的表現の矛盾はあるか。どういう矛盾か。
　④話題をとばしたり、避けたりすることはないか。

＊練習例　(1)　背中あわせに座って何も話さない（1分）。
　　　　　(2)　対面して視線をあわせず何も話さない（1分）。
　　　　　(3)　対面して視線を逸らさず何も話さない（1分）。
　　　　　(4)　手を握りあい何も話さない（1分）。
　　　　　(5)　指導者がカウンセラー役に見えないようにして、情緒「抑うつ」「不安」・「怒り」「自信喪失」を指示する。
　　　　　　　クライエント役は、その指示にあわせて、「抑うつ」（例：肩を落とす）・「不安」（例：手を擦りあわせながらキョロキョロする）・「怒り」（例：こぶしを握り締める）・「自信喪失」（例：おどおどする）など、非言語的動作で表現する。
　　　　　　　カウンセラー役は、それを観察して、相手の動作にあわせて「憂うつなんですね」「不安なんですね」「怒っているのですね」「自信がないのですね」と応答する（2分）。

## （3） 励まし技法（encouraging）

①受　　容：うんうん、ええええ、なるほど。相槌、無言のうなずき。
②繰り返し：単語または短文の繰り返し。
③促　　し：それで、それから、例えば、もっとそこを聴かせて下さい。

【ねらい】　クライエントの自己表現を促進する。

【特　徴】　裁かない許容的態度。

【留意点】　どの単語を繰り返すかで、クライエントの方向づけが決まる。

【フィードバックの着眼点】
　　　　　①励まし技法（受容・繰り返し・促し）があれば記録する。
　　　　　②励まし技法で話の流れが、どのように変わったか。

【フィードバックの留意点】
　　　　　①一方的批判にならないこと。
　　　　　②具体的であること。

＊練習例　　クライエント役は、起きてから寝るまでの昨日の自分について、どうしても言いたくないことを除いて、一部始終をカウンセラー役に伝える。
　　　　　カウンセラー役は、「励まし技法」のみ使って、あとはただ黙ってクライエント役の話を聴く（5分）。

### (4) 閉ざされた質問（closed questions）

「はい・いいえ」で答えられる質問。
　　　①「……ですか」「……でしたか」
　　　②「……しますか」「……しましたか」

【ねらい】　①情報収集。②情報の確認。

【特　徴】　①特定の事柄に焦点をあわせる。
　　　　　　②特定の事柄から焦点を他に移行させる。

【特に有効な場合】　①口の重い人に。②面接の導入に。

### (5) 開かれた質問（open questions）

「はい・いいえ」では答えにくい質問。
　　　①いつ・どこで・誰が・何を・なぜ・どのように
　　　②「……について話して下さいませんか」
　　　③「例えば、どういうことでしょうか」

【ねらい】　クライエントへの理解を深める。

【特　徴】　①尋問的な感じがしない。②詳しい状況がわかる。

【フィードバックの着眼点】　①クライエント理解に最も有効だった質問。
　　　　　　　　　　　　　　②面接全体を通しての感想。

【練習上の留意点】　カウンセラーは、クライエントの自由な発想が展開できるようにする。

＊練習例　（1）次の質問を「閉ざされた質問」または「開かれた質問」に直しなさい。
　　　　　①クラスでは同級生とよくトラブルを起こしますか。
　　　　　②あなたは今、緊張なさっていますか。
　　　　　③先週と比べて今週は、ご気分はいかがですか。
　　　　　④その時のお気持ちを伺えますか。
　　　　　⑤お父さんは気難しい人だとおっしゃっておられましたが、それは短気ということでしょうか。
　　　　（2）クライエント役は、何か好きなもの・好きな人・好きなことを一つ選び、それについて「私は〜が好きです」と伝える。
　　　　　カウンセラー役はクライエント役に対して「いつ頃から？」「どのようなところが？」などといくつかの質問をする。
　　　　　その際、できるだけクライエント役に自由に語らせる「開かれた質問」をして、「はい・いいえ」で答えさせる「閉ざされた質問」は重要な場面に限定する。
　　　　　質問に対するクライエント役の答えを、言葉・語調・表情などに注意を払いながら、カウンセラー役は聴く（5分）。

### (6)　言い換え（paraphrasing）

要点を繰り返す。ただし、ただ同じことを繰り返すのではない。
　　　　①事実関係の要点。②クライエントが言わんとする意味。

【ねらい】　①クライエントは「わかってもらえた！」という感じがする。
　　　　　②クライエントは自分の問題を明確化できる。
　　　　　③クライエントは、何回も同じことを話さなくなる。

【フィードバックの着眼点】　①「言い換え」があれば記録する。キーワードは何か。
　　　　　　　　　　　　　②それによって、どのように話が進展したか。

＊練習例　(1)　次の文を「言い換え」技法を使って、言い換えなさい。
　　　　　①僕は内向的な性格で、いつも自分の意見がはっきり言えないんです。この前も先生に質問されて答えられず、下を向いたまま真っ赤になってしまったんです。
　　　　　②私の友達は悪い子じゃないんですけど、約束の時間にいつも遅刻するし、服装もだらしがないんです。小さいお金を貸してあげても戻ってきたためしがないんです。
　　　　　③僕は学校に行きたいんですが、A君がいつも喧嘩を売ってくるので、トラブルを起こしたくなくて学校を休んでしまうんです。先生からは「そんなの気にするな」と言われているんですが、先生は生徒達の世界を理解していないように感じるんです。
　　　　　④私は一生懸命勉強して頑張っているつもりなのに、お父さんが「兄貴は優秀なのに、おまえは何をやらせても駄目で家の恥だ」と言うんです。
　　　(2)　クライエント役は家族の中で一番好きな人について、どのようなところが好きかを話していく。カウンセラー役は「言い換え」を使って、その話を聴いていく（5分）。

（7）　要約（summarization）

①面接を始める時（前回の要約）。
②面接の途中で（新しいトピックに移る時）。
③面接の終わる時。
④クライエントの複雑な問題を明確にする時。

【ねらい】　①面接が深まる。
　　　　　②話を聴いてもらったとの満足感をクライエントに与える。

【フィードバックの着眼点】　クライエントは要約に満足したか。

＊練習例　クライエント役は「最近うれしかったこと」を話していく。カウンセラー役は、「励まし技法」を使いながら「開かれた質問・言い換え」で話を進める。
　　話が終わったところで、カウンセラー役は「今の話の要点は何だったか」をクライエント役に伝え、そうであったか否かをクライエント役に確認する（5分）。

（8）　感情の反射（reflection of feeling）

クライエントの言葉のすぐ下にある感情を明確化（意識化・言語化）する。
　　　　　①「あなたは……と感じていらっしゃるようですね」
　　　　　②「あなたが感じておられるのは、こういうことでしょうか」

【ねらい】　①I'm with you.
　　　　　②クライエントが心の深いところで受け止められているという感

じがもてること。

【方　法】①クライエントの非言語的表現も観察する。
　　　　　②質問することもある。
　　　　　　例：「何か例を挙げて下さいませんか」「それについて、どう感じていますか」

【フィードバックの着眼点】①クライエントの気づかない感情を明確化したか。
　　　　　　　　　　　　②明確化したとすれば、それはどんなことか。

### (9)　意味の反射（reflection of meaning）

　クライエントの言葉の奥に潜む意味をクライエントが見出すのを助ける方法。

【ねらい】①クライエントの経験の意味をクライエントに再び意識化させる。
　　　　　②クライエントの経験の意味をクライエントが自分で解釈できるようにする。
　　　　　③クライエントが自分の生きる目的・生きる価値を摑めるようにする。

【方　法】①質問：例「それは、あなたにとって、どんな意味があるのでしょうか」
　　　　　　「あなたの行動を支えているのは、どういう価値観でしょうか」
　　　　　②意味の反射：クライエントの表現した意味の「言い換え」になる。

③これまで学んできた全技法を駆使することによって、クライエントが意味を読み取れるように助ける。

　つまり、行動・感情・思考・意味は相互に作用しており、どの部分が変化しても他の部分の変化をもたらす（図Ⅱ─3参照）。

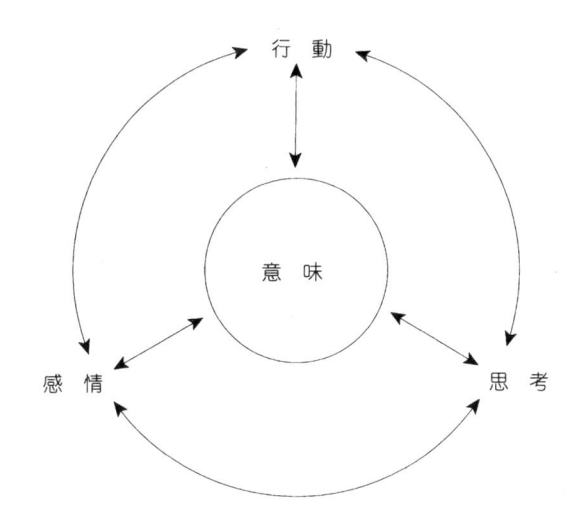

**図Ⅱ─3　行動・思考・感情と意味との関係** (福原・椙山・國分・楡木, 1985)

## 【フィードバックの着眼点】

①クライエントの用いた「意味を表す言葉」は何か。
②カウンセラーのどういう言葉が、クライエントに意味を気づかせる助けになったか。

＊**練習例** (1) 練習のためのトピック
　　　　　○学校（勉強・友達・クラブ・家族）に対する私の考えは……
　　　　　○私の人生での重要な出来事は……
　　　　　○私の腹が立った出来事は……
　　　(2) クライエント役は、練習のためのトピックを決めて、しばらく話をする。その際、他の技法を使って話を聴いていく（3分）。
　　　　　カウンセラー役は、それをまとめて「あなたは……と感じていらっしゃるんですね」「あなたが感じておられるのは、こういうことでしょうか」と「感情の反射」の練習をする（1分）。
　　　　　その後、カウンセラー役はクライエント役に、自分の「感情の反射」が正しかったか否かを確認する（1分）。
　　　　　次の5分間は、「意味の反射」も含めて、話の途中に「あなたは……と感じていらっしゃるんですね」「あなたが感じておられるのは、こういうことでしょうか」「何か例を挙げて下さいませんか」「それについて、どう感じていますか」（感情の反射）、「それは、あなたにとって、どんな意味があるのでしょうか」「あなたの行動を支えているのは、どういう価値観でしょうか」（意味の反射）を挿入して練習してみる。

### (10) 焦点あわせ (focusing)

クライエントの発言の中のいずれかに焦点をあわせて反応する。

【ねらい】　①方向づけをする。
　　　　　②問題意識を拡大する。

【方　法】　①六つの焦点あわせを駆使展開する。
　　　　　②場合によっては焦点を一つに絞って終始する。

【六つの焦点あわせ】
　①クライエント自身：「あなたが……？」「心配しているのは、あなただけ？」
　②問題：「学校を休んだ？　もう少し詳しく話して下さい」
　③他者：「あなたと仲の悪い〜さんのことについて、もう少し話して下さいますか？」
　④グループまたはカウンセラーとクライエントの関係：「このクラスでは……」「あなたと私の二人で、この問題に取り組みましょう」
　⑤カウンセラー自身：「私は思うのですが……」
　⑥環境・文化・時代：「この就職氷河期の時代を、どう乗り越えるかですね」「あなたたち若者の世界では、そういう考え方は、どう受け取られているの？」

【フィードバックの着眼点】六つの焦点あわせの技法のいずれを使っていたか。

＊練習例　（1）　練習のためのトピック：
　　　　　　　学業上、趣味、旅行、買物などで決断に困った時の話題。
　　　　　（2）　練習のためのトピックを決め、クライエント役は話をする。その際、カウンセラー役は、今まで練習してきた他の技法も使いながら、「焦点あわせ」の技法の練習も行う（10分）。

【第Ⅱ部　文献】

Amherst Counseling Group（1988）『FACE TO FACE ワークブック』（日本語版監修 福原真知子）丸善株式会社。

福原真知子（1991）『カウンセリングの新しい教え方――マイクロカウンセリングの視点から』薬事日報社。

アイビィ, A. E.（1985）『マイクロカウンセリング――"学ぶ－使う－教える"技法の統合：その理論と実際』（福原真知子・椙山喜代子・國分久子・楡木満生訳編）川島書店。

Ivey, A.E., Gluckstern, N.B., Ivey, M.B.（1999）『マイクロカウンセリング 基本的かかわり技法』（福原真知子訳）丸善株式会社。

Ivey, A.E., Gluckstern, N.B., Ivey, M.B.（1999）『マイクロカウンセリング 積極技法』（福原真知子訳）丸善株式会社。

國分久子（1993）「カウンセリング・アカデミー研修会配布資料」。

國分康孝（1996）「論理療法とマイクロカウンセリング」水島恵一（編）『カウンセリング』放送大学教育振興会、87―95頁。

諏訪茂樹（1997）『援助者のためのコミュニケーションと人間関係』［第二版］建帛社。

田畑治（1982）『カウンセリング実習入門』新曜社。

# Ⅲ　事例篇

　第Ⅲ部は事例篇として、筆者がかかわった四事例
　　1．自殺未遂のケース（専門学校高等課程生徒）
　　2．家庭内暴力（中学生）の母親ケース
　　3．引きこもりのケース（青年期）
　　4．アパシーのケース（専門学校高等課程生徒）
について考察したものを紹介します。いずれも適応相談の範疇に入るケースですが、著者が実際、教員・教育相談員として担当したケースです。事例研究という方法、教育相談の実際を読み取っていただければ幸いです。学業相談・進路相談あるいは集団的方法については、それぞれ詳しい解説書が出ておりますので、興味のある方は、そちらをご覧下さい。なお、事例については本著執筆時点で、それぞれの相談者から発表の許可を頂いておりますが、プライバシー・個人情報保護の観点から一部改変しております。その点にもご理解をお願いしたいと思います。

● 事例1●

# 1

# 自殺未遂の
# 専門学校生とのケース

## ［1］ 事例の概要

　以下はインテーク（受理面接）時のクライエントの母からの情報。

**クライエント** ： A君、17歳、専門学校高等課程2年。

**主　　訴** ： 全寮制の専門学校に通っていたAが、友人のいじめが原因と思われる自殺未遂を起こした。

**問題の経過** ： 幼児・小学校の頃より、おとなしい性格の子どもであった。小学校の頃、「いじめ」とまではいかないが、発音がこもっていることを「ジャイアント馬場みたいだ」と、友人から、からかわれることが多かった。本人は今でも、それを気にしている。

　中学に入り、友達に「からかわれたくない」「なめられたくない」と言って、太いズボンなどをはいて不良の真似事をしていた。勉強の面では中学では自分の好きな科目（社会）だけしか勉強せず、ことごとく高校入試に失敗した。たまたま、当時の担任から紹介され、全寮制の専門学校に、本人は不本意ながらも入学する。

　入学直後から、同級生に、学校および寮で、「動作がのろい」

「ダサい」「発音がこもっている」などとからかわれたり、時には殴る蹴るの暴行を受けていた。そして入学して2年目の春に寮の倉庫で殺虫剤を飲んで自殺を図っているところを同級生が発見し、救急車で近くの病院に運ばれ、一命は取り止めた。

　その後、2か月ほど入院し、A君の在籍校の校長からの依頼で、その専門学校の付属施設であり、カウンセラー（以下、Coと略）の勤務する教育相談室に紹介されてきた。

　なお、Coは同校長と話しあい、A君の学校復帰は、本人の希望がない限り行わないこととし、また相談室来談と自宅学習をもって学校への出席扱いにすることになる。

**家族構成**： 父、48歳、会社員。母、48歳、専業主婦。兄、22歳、元自衛官、運送店勤務。A君（＝クライエント）。

**面接構造**： A君の希望により、A君だけ継続来談し、母はインテークのみ来談しただけで、その後は来談しなかった。

## [2] 面接経過

　以下、X年9月～X＋1年12月まで、週1回1時間50回にわたって行われたカウンセリングの経過を4期に分けて報告する。なお、#は面接の回数である。

[第1期]　#1－#6（X年9月～10月）
　　　　　…Coに理解できなかったA君の明るい表情や様子

#1　Coは自殺未遂のクライエントが来るというので、事前に数冊の

「自殺」に関する専門書（例えば、稲村、1977・1978など）を読み、かなり緊張して初回の面接に臨んだ。しかし、それに反してＡ君は明るい表情で「今日は」と元気に相談室に入ってきた。Ａ君は体格も良く、背をまっすぐに椅子に座り、にこやかに世間話をして初回は終了。

＃２　Ａ君の今、熱中しているファミコンの話。ロールプレイング・ゲームといって主人公が旅をしながらさまざまな敵と遭遇していくものだという。Coが「面白そうだなあ」と言うと、次の回に説明書をもってきて説明してくれるという。

＃３－＃６　ファミコンの話。説明を受けてもなかなかわからないCoにＡ君少々あきれ顔。Ａ君「主人公（＝Ａ君が操作している）が色々な困難を克服しながら成長していくところが面白いんです」。
　第１期では、Ａ君は「本当に自殺未遂した人なのだろうか」と、Coが内心戸惑うほど明るかった。それも無理に辛さを隠している様子もなかった。Coは自分の方が「自殺未遂の後だから、Ａ君は落ち込んで来談するだろう」と勝手に思い込んでいたことに気がついた。以降、自殺未遂者のＡ君ではなく、17歳の専門学校生Ａ君その人として、できるだけ素直な気持ちで接していこうとCoは思う。

［第２期］　＃７－＃22（Ｘ年11月〜Ｘ＋１年３月）

…Ａ君の心の中の空洞

＃７　この面接の数日前、ある町の中学生が同級生のいじめが原因と思われる自殺を起こしたという報道があった。たぶんＡ君も、このニュースを見ただろうと思い、Coは極力この話題には触れないようにと思っていた。し

かし逆にA君の方からこのことについて話し始めた。A君「この子も誰も助けてくれる人がいなかったんですね」。Coは一言も語れず、二人して沈黙の内に、この回を終わる。

＃8　Co「この前（＃7）の言葉はズシリとこたえたよ」。（しばらく沈黙の後）A君「（相談室に来談し始めてから）今まで、僕、明るくしてたでしょ。あれは嘘じゃないんですけど、今思うと、事の核心（自殺未遂のこと）に触れるのが嫌だったのかもしれません。先生はどう感じてました？」。Co「よく人間は困難なことを克服して成長するというけど、ファミコンなら現実のことじゃないからできるけど……実際生きていく上では時には逃げたり、時には立ち向かっていくもんじゃないのかな」。A君「そんなことを言ったのは先生（Co）が初めてです。今まで学校の先生や親は『根性で困難なことは何でも乗り越えろ』と言ってましたから」。

＃9－＃21　自殺未遂の話は直接なかったが、この間の面接のA君の発言を要約すると「なぜ生きなければならないかわからない」「今まで幸せに生きていると感じたことがない」「将来の見通しがつかないし、生きる自信がない」の3つにまとめられる。その話には具体性がなく、展開もなく、同じ題目を沈鬱な表情で繰り返して言っているような感じだった。それに対してCoは質問して具体化していくよりも、混乱し、悲しみの中にあるA君が繰り返す言葉を心の中で静かに反芻していた。

＃22　開口一番、A君「先生（Co）はなぜ、いつも僕の話を黙って聴いているんですか？　何か質問したいこととかないんですか？」。Co「君がここ（相談室）に来る前は『どうにかA君への援助をしなければ』と強く思っていたけれど、実際、君の話を聴いていて、質問したくても質問できなくなっ

た」。A君「僕の方も何かしてほしくて、ここ（相談室）に来てたわけじゃないけど、ただ話を聴いてもらうと、少し気が楽になるもんで」。Co「前にも言ったけど、僕も含めて、混乱している時は無理に整理しなくても混乱のままで良いんじゃないのかな」。（しばらく沈黙、最後に）A君「今、僕は心に空洞が空いているような感じなんです」。CoもA君の中の奥深いところに大きな空虚感があるように感じていたので、何も言えなくなった。

［第3期］　＃23－＃34（X＋1年4月〜7月）
　　　　　　　　　　　…A君、自殺未遂、過去のこと、自分と家族のことを語る

　＃23　（春休みの1週間をおいて2週間ぶりの面接）少し晴れ晴れとした表情で、A君「春休みの間、自分のことを少し考えてみました。色々なことが頭に浮かんだ」。その話をまとめると次のようになる。「自殺を図った時、『これでやっと楽になれる』と思った。死への恐怖よりも、いじめられている状況から逃れたい気持ちの方が勝っていた。また自分が死ぬということで、いじめている連中へ思い知らせたかった」。

　＃24－＃27　自殺未遂の話に続き、徐々にいじめられていたことへの怒りが湧き上がってくる。A君「僕は色々な奴に復讐したかった。いじめた連中は専門学校入学後、いつも自分の話し方（少しこもった声）をからかい、何か気にいらないことがあると、自分を殴ったり蹴ったりした。時には反攻したこともあったが、自分は動作が遅く、その姿を見ていじめた連中は笑っていた。先生にも相談したが、喧嘩両成敗と言って自分の方も叱られた。1年の頃、歯をある奴から折られた。親に相手の親に話してもらったが、『子ども同士の喧嘩だから』と、とりあってもらえなかった。そして、そんなつまらない奴等に一方的にいじめられている自分は生きていても仕様がないと

思った。そんなことより何より、親友だと思っていた中学時代からの友達が自分がいじめられている時、かかわりあいたくないように逃げてばかりいたことに一番腹が立つ」。CoはA君から出てきた「怒り」を敢えて抑制させることはせず、そのままを受け取る一方で、「こんな状況にあったA君は、さぞかし辛かっただろう」と心の中で思った。

#28―#29　中学時代の話。A君「中学時代はとにかく友達になめられたくなかった。不良のような格好をして、いつも笑わないで怒ったような顔をしていた。でも本当は自分は弱虫で人からちょっと何か言われるとくよくよしてしまう男なんです。だけど、ちょうど中学時代は校内暴力で学校が荒れていて、そんな風につっぱっていても、全然目立つ事はなく、大丈夫だった。でも専門学校に入ると、最初は『俺は中学時代つっぱりだった』と言って通していたが、その内、自分の本当の姿がバレて、いじめられるようになった」。

#30―#31　中学から小学時代の話へ。Co「この前（#28―#29）、なめられたくなくて中学時代は、わざとつっぱっていたと言ってたけど」。A君「そうなんです。なめられたくないと言うのは、小学時代、自分のこのしゃべり方（少しこもった発音）が、友達から、からかわれていて、自分がそのことを怒ると、もっと友達は、からかうようになって、とても嫌だったんです」。Co「友達にとっては、そのからかいはちょっとしたことだったかもしれないけど、君にとっては……」。A君（沈鬱な表情で）「非常に苦痛でした。でも今はあまり気にしていません。気にしても、このしゃべり方は直りませんし、今はからかう人もいませんから。それよりも、今でも思い出すと腹が立って仕様がないんですが、小学校の時、職員室からお金が無くなって、たまたま近くにいた僕が疑われたことがあったんです。自分の担任、友達、教

頭、皆、僕を疑っていたんです。結局、後で自分でないことがわかって、皆に『悪かった』と謝られたけど、それから自分は『人間不信』になってしまったんじゃないかと……」。Co「それは本当にしなくてもよい体験だね」。（しばらくして）A君「ありがとう。僕の気持ちをわかってくれて」。

#32－#34　家族の話。Co「今までご両親の話があまり聞かれないけど……」。A君「ええ、そういえばそうですね。（しばらくして）今まで親父もお袋も嫌で嫌で仕様がなかったんですけど、最近、少し見方が変わってきた。前は親父は仕事人間で僕が子どもの時から何か一緒にした記憶がないし、自分とは関係ないと思っていた。お袋はいつもオドオドしていて、嫌いだった。でも、あの事件（自殺未遂）の時、本当に心から心配してくれたのは、親父、お袋、兄貴だった。そんなことを思い出していると、今でも親父、お袋は好きじゃないけど、嫌おうと思っても、どうしても嫌うことができない。『血のつながり』とでも言うんですか。また自分は結局、親の中に自分と同じ小心者で、すぐクヨクヨする嫌な部分を見ていて嫌だったのではないかと思います。兄貴の方は昔から自分は尊敬していて……」。Co「お兄さんってどんな人？」。A君「僕とは違って本当のつっぱり。喧嘩も強いし、僕には子どもの頃から優しかった。自分が誰かにいじめられていると必ず助けてくれた。数年前まで自衛隊員で、今は運送店で働いている」。Co「本当にA君はお兄さんのことを尊敬しているんだね。話している時の表情でわかるよ」。A君「え、わかりますか（満面笑み）」。

[第4期]　#35－#50（X＋1年9月～12月）

…A君の新しい生き方の模索

#35－#36　（夏休みをはさんで約1か月ぶりの面接）親友のこと。A君

「前（♯24－♯27）に話した中学時代からの親友と仲直りしました。前は、専門学校入学後、いじめられていた僕を助けてくれず、逃げ回っていた奴を許せなかったけど、夏休み中、自分も少し落ち着いてきて、奴の立場に立ったら、僕も同じことをしてたんじゃないかと思い直した。そう考えていると、奴と会いたくなって電話で呼び出して、そのまま自分の気持ちを話した。そうしたら、奴の方も『本当にすまなかった。助けてやりたかったが、俺も小心者で怖くて逃げ回っていた』って。『俺もおまえも小心者だよな』と言って二人で大笑いしてしまった。笑っていると、もう、今までのわだかまりがなくなって、また友達づきあいができるようになりました」。Co「それは本当に良かったね。僕も友達の大切さは良くわかるから」。

♯37－♯41　A君とCoが出会ってからの心境の変化について。A君「先生（Co）は僕が初めて、ここ（相談室）に来た時、どう思った？」。Co「正直言って、君があまりにも明るいんで驚いた」。A君「こいつ本当に自殺未遂したんだろうかって？」。Co「そうそう。実は君と入れ替わりぐらいだったんだけど、ある難病に罹っていて20歳まで生きられるかわからない状態にあって相談に来ていた人がいてね。彼は僕がどう動こうと何を言っても自暴自棄になるだけで、結局、ここ（相談室）には来なくなったんだよね。自分の力のなさ、無力感にさいなまれて、カウンセラーを辞めようかとまで考えていたんだ。でも悩んでいても、相談者は増える一方だし、その人達から逃げるわけにもいかず、といった状態だった」。A君「そんな時に僕が来たから、なお一層辛かった？」。Co「はっきり言って最初は辛かった。でも君や他の相談者の人達とここ（相談室）で話している内に自分の中に気づいていなかった別の面を発見した。今までの自分は、相談者の人達を『自分の力で、どうにか良くしてやろう』と気負い過ぎていたことに気がついた」。A君「僕の方も同じですよ。最初ここ（相談室）に来た時は先生（Co）のこと『こ

んな人に何がわかるか』と半分思っていたし、自分なんか生きている価値はないけど、たまたま死ねなかったぐらいにしか思っていなかった。今はそんなことないですよ。自分なりの充実感というか何というか。この前、校長先生（A君の所属校の）に会ったら、自分の肩を叩いてくれて、『自宅学習、頑張っているようだから、このまま3月まで頑張れば皆と一緒に卒業させるよ』と言ってくれたんです。嬉しかったなあ」。A君「ところで、先生の方の心境は、どう変わった？」。Co「そうだなあ。少しおなかの辺りが軽くなったみたい。カウンセラーの仕事、自分なりに続けてみようかって考えてる。変な言い方だけど、君や他の相談者の人に励まされた面があってね。君とは違う曜日に来ている自閉症の女の子がいてね。2年来ているんだけど、全然僕に心を開いてくれないと思っていたんだよね。でも最近、彼女が好きな絵を一緒に描いているとニコッと笑う時があるんだよね。僕も嬉しくなって、そんな時は心から笑えるんだ。自分のカウンセリングはこれで良いんだ、ここから始まるんだって思った」。A君「先生の気持ちよくわかるよ。先生を心理の専門家だと思うと、ちょっと、まずいかなと思うけど、先生だってしょせん普通の人間なんだし、僕達と同じだよ」。CoはA君との面接を通じて自分が如何に弱者は保護すべきだというクライエントを下に見る「強者の論理」に支配されていたかに気づいた。

♯42―♯45　死について。A君「先生（Co）は死にたくなったことない？」。Co「あるよ。学生時代、山での事故で大けがして、どうにか助かったんだけど、治ってから数年たって、自分の周りにいた友人達が立派な社会人になっていて、自分はまだ学生で、『何て俺は人より遅れているんだろう。ダメなんだろう』と悩んで、死のうと思ったことあったよ。特に、その頃、先輩や後輩が山の事故で相次いで亡くなったりしたことが重なって、うまく言えないけど『遭難して死んだ彼らに較べれば、俺なんか生きている意味は

無い』と思ってしまって……」。A君「先生も結構クヨクヨする方なんだね」。Co「そうそう」。A君「僕と同じだ（笑い）。僕の方は今の心境としては、せっかく死ななかったんだから人より長く生きてやろうかって思ってる。自殺した時は『自分が死んだって誰一人悲しまない』と思っていたけど、今、もし死のうとしたらたぶん悲しんでくれる人がいる。例えば親、兄貴、親友、先生（Co）……」。Co「もし君が、また死のうとしたら僕は本気で怒るよ（笑い）」。A君「大丈夫、大丈夫。今度死のうと思ったら、死ぬ前に先生（Co）に電話を一本いれるから（笑い）」。

♯46－♯50　10月を過ぎ、進学・就職準備の時期となる。A君の将来の希望は兄と同じく自衛隊に行くことであり、受験に向かって動き出した。面接でもその話題が多くなる。A君「自衛隊受験に向かって、体力作りにランニングと学科試験の過去の問題集を勉強している」。Co「どうして自衛隊なの？」。A君「兄貴も行っていたし、兄貴の話では心身ともに鍛えてくれるって。除隊後の就職も斡旋してくれるし……。でも一番大きな理由は自分を変えたい。もちろん以前に較べれば、今も生活に張りがあって、それなりに充実しているけど、もっと自分を強くしたい」。Co「自衛隊で変われる？」。A君「今の僕なら変えられると思うし、自分なりに頑張って行く自信があります」。

　その後、A君は自衛隊に無事合格、その直後の面接では次のような話をした。Co「とうとう合格したね。おめでとう。これまでの努力が実ったね」。A君「ありがとうございます」。Co「あまり無理をせずにね」。A君「嫌だなあ、先生（Co）。もう昔の僕とは違いますよ。自衛隊に入るのは自分を変えたいという面もありますけど、半分は仕事として入るんですよ。また自衛隊の中で自動車の免許も取れるので、3年後、除隊したらトラックの運転手でもやります」。この後、A君の希望により、面接は終結とした。

自衛隊入隊後のA君は年何回かの外出許可日には必ずCoの勤務する相談室に顔を見せた。また顔を見せるごとにたくましくなっていくA君の姿にCoも嬉しかった。途中、P.K.O.（Peace-Keeping Operations, 国連平和維持活動）にA君が派遣されるのではと思い、Coは心配になってA君の勤務する自衛隊の基地に問いあわせたこともあった。その時A君は笑いながら「そういうの（P.K.O.）に派遣されるような部署に希望を出すようなヘマはしてません。でも心配してくれて本当にありがとう」と答えた。その後、A君は自衛隊の任期を終え、入隊前に言っていたトラックの運転手に本当になった。配送の途中でCoの勤務する教育相談室にもしばしば立ち寄り、元気な生き生きとした顔を年に何回か見せていた。しかし数年前、急にA君は「糖尿病」になり、一時はしばらく入院して危機的状況にあったが、その後、数か月で退院して、現在は毎朝インシュリン注射を打ちながらも、糖尿病に負けることなく、トラックの運転手の仕事を続けている。

## ［3］　考　　察

### (1)　「気づくこと」——アウェアネス

　伊東（1995）ではカウンセリングの目標はアウェアネス（awareness）ではないかと提案されている。アウェアネスとは日本語に直すと「覚醒＝自己の内外で起こっていることに敏感に注意をゆきわたらせている状態」（伊藤, 1994, p.21）であるが、伊藤（1996a, p.26）では、これを「自己覚醒」、つまりは「自分という存在に目覚め、どう生きるかを自覚する作用」ととらえ、それは「自己創造の中核をなす」と述べている。

　クライエントとカウンセラーが相互主体的にかかわりお互いに内面的変革

が起き、自己（自分らしさ）を創り出すこと、つまりは自己創造のプロセスを歩むことが、アウェアネスを中核としたカウンセリングの中心課題である。この場合の自己創造とは、言い換えれば主体的に「よりよく生きる」プロセスのことだと言える。

　A君の場合、自殺企図の直接の原因は専門学校入学以来の長期にわたる「いじめ」であることは明白である。しかしCoとの面接が深まるにつれ、A君が表明したのは「なぜ生きなければならないのかわからない」「今までに幸せに生きている、と感じたことがない」「将来の見通しがつかないし、生きる自信がない」といったことであった（＃9－＃21）。「いじめ」ということが自殺企図の直接の引き金（＃23）だとしても、その背景にはA君の心の内奥での空虚感、生きる意味や目的の欠如したフランクル（Frankl,V.E., 1981）の言う「実存的空虚」（existentielles Vakuum）の状態があり、よく生きること、自分なりに生きていくことが妨げられていたと考えられる。言い換えれば、アウェアネスを中核とした自己創造の過程へ参入していくことを阻むものが、A君の内界にあったと言える。その後のA君はCoとのカウンセリングを通じて自分というものを見つめ直し、生きる張りあいや充実感を感じつつ、新しい生き方を模索していった（特に面接第4期）。

　以上からA君にとってのアウェアネスとは、「実存的空虚」の状態にあった自分の姿に自身で気づくことから出発して、さらに自己を深く掘り下げて見つめ、考えていくことによって、「生きる張りあいや充実感」を感じつつ、他ならぬ自分が生きていることの意味を実感し、新しい生き方を模索していったプロセスの中核にあったものだと言える。

### (2)　「わかりあうこと」──了解

　白石（1983, p.35）は「精神療法（筆者はカウンセリング・教育相談にも当てはまると考えている）の中における人生は"あなたと私"がかけがえなく絆づ

けられ、そこで個人の歴史・感情・想念が凝集して体験されるという特異性をもっている」。そのようなカウンセリングの中核となるのは、生の哲学の提唱者であるディルタイ（Wilhelm Dilthey）等が言う「了解」(verständnis, comprehension)という概念である。了解とは他者の体験に対する追体験のことであり、それはすなわち他者の体験を追いかけ、それを自分の中に再現するという方法である（黒田, 1953・1996）。つまり、カウンセリングの面接における了解とはクライエントが自身の体験を語ったり表現していること、すなわちクライエントの主観の世界を、その人の内的／外的経験の心的現実（psychic reality）としてカウンセラーが、その「ありのまま」を認め、そのままを共感的に受け取ることである。

　A君との面接では、Coは（原因）いじめ───▶（結果）自殺未遂という単純な因果関係把握をやめ（面接第1期）、面接第2期以降は、面接の場で表現されるA君の自分らしく生きられない怒りや戸惑い、悲しみといった感情に焦点を当て、それを徹底的に受容し、共感を寄せ、対等な関係として語りあうことによって、A君の主観の世界にCoの主観の世界を深く関与させ、一つの世界として共有しようとした。A君とCoはカウンセリング（教育相談）の場において、お互いが他の人に代えがたい存在として出会い、「わかりあう」関係を築いていったと言える。

### (3) 「共に歩むこと」──同行

　伊藤（1995）は次のような図（図Ⅲ−1）を示してカウンセリングにおける同行（どうぎょう）という概念の説明を試みている。

　カウンセリング（教育相談）ではクライエントが何に悩み、苦しみ、どのような自己へと自らを創造しようとしているのかに注目する。そしてカウンセラーAは、面接によって表現されてくるクライエントBの内面的世界に共感し、それを受容する。その際、カウンセラーAもクライエントBとのラポ

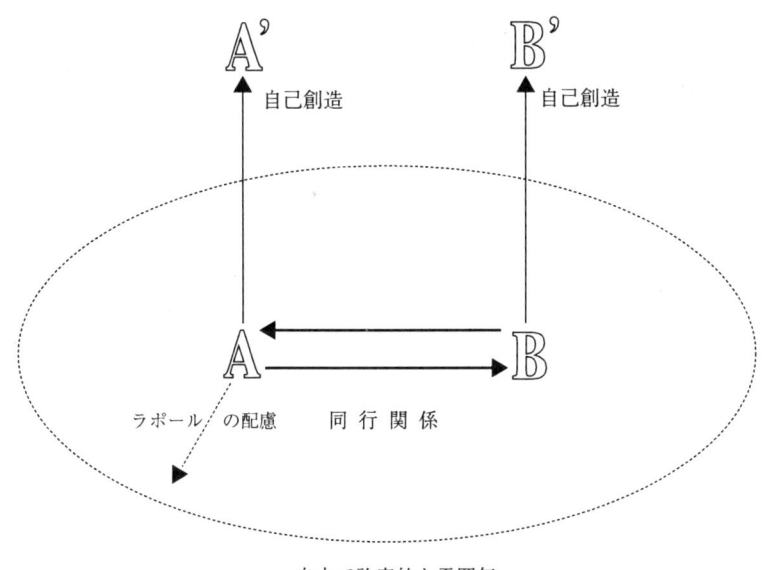

```
            A'           B'
            ↑            ↑
          自己創造      自己創造

              A ←――――― B
                ――――→
   ラポールへの配慮    同行関係


           自由で許容的な雰囲気
```

**図Ⅲ－1 同行関係と自己創造**（伊藤, 1995）

ール (rapport) に配慮しながら、自らを開いていく。この場合のラポールとは、カウンセラーとクライエントの間に暖かい感情の交流があり、(1)両者共にうちとけて、自由に振舞える安心感をもち、(2)相手に対する尊敬と信頼の念を抱き、(3)感情や意思の自由な交流・理解が可能であるような状態（有田, 1993, p.224）を言う。

そして、同行とは「どうぎょう」と発音し、AもBも（さらにはCもDも……）同じ地平線上に立ち、お互いが肩を組みあい、教わりあい、育ちあいながら、人生を歩み続けることを意味するが、その際、カウンセラーはクライエントの「今ここで生き続けていること」そのこと（存在）に絶対的価値を認める。言い換えれば、その人はその人として、ありのままをそのままに

精一杯生きていることがすべてであり、そのことが真実だ、ということになる。

　カウンセリングにおいて、「わかりあう」関係を築き、「共にあり、共に歩む（同行）」過程に参入しているクライエントとカウンセラー相互は、よく生きることに「気づいて」いく。そして、そのプロセスを後に省みる時、神谷（1980）の言う「価値体系の変革」が起こっていることに気づく。

　A君の場合、面接前半では生きる意味、生きる目標、生きている実感が失われている状態、すなわち「生きがいの喪失」とでも呼べるような状態にあった。それは「いじめ」という問題に自殺という方法で、いじめていた人達に対して精一杯抗議した後の虚脱感だったのかもしれない（♯23）。しかし、その背後には対人関係のつまずき、つまり小学校時代に学校で起きた盗難事件の犯人扱いされたことが大きなきっかけとなり、その後続く「人間不信」の状態があった（♯30-♯31）。

　その人間不信がA君の根底にあったため、逆に中学時代は友人に「なめられたくない」、こもった発音のことで「からかわれたくない」一心で本来の自分ではない強い自分のイメージをつくり出そうとし、わざと不良のような格好をしたりした（♯28-♯29）。さらにその人間不信は形を変えてA君自身へも向けられ、自殺未遂を自ら語った面接では「そんな奴等（A君をいじめていた人達）に一方的にいじめられている自分は生きていても仕様がないと思った（♯24-♯27）」と語った。

　このような「生否定的」世界がA君の根底にあったわけだが、「同行」を基本姿勢に置くCoとのカウンセリング過程を通じてA君は徐々に自らの生を意味づける方向へ「生肯定的」に転換していった（伊藤、1996b）。

　面接過程の進展に従って、Coは面接当初の「自殺未遂者の治療」という視点をすべて捨て去り、A君の混乱した内的世界、自分なりに生きられない苦悩に徹底的に添おうとした。したがって余計なA君への治療的介入は極力避

け、黙って共感的にA君が面接で表現してくることを受け取っていこうと努めた。そのことは、「そのままの君で良いんだよ」という隠されたメッセージを含んでおり、「今ここで生きていること」そのこと自体に価値があり、意味があることをCoは暗にA君に伝えたかったのである。

　一方、Co側にも、A君とのカウンセリングにおける「同行」を通じて、価値体系の変革が起こった。CoはA君とのカウンセリング過程の中途で、それまでの自分のあり方が如何に「強者の論理」であったか、クライエントを保護すべき弱者として下に見ていたかに気づいた（#37-#41）。そしてさまざまなクライエントと出会い、それらの人々と「同行」することこそが「自分のカウンセリング」の中核であるという考えに至り、その後、そのようなカウンセリングの実践を通じて、腹の底から「人間は生きているだけで価値がある」と思えるようになった。その基本的人間観の転換、価値体系の変革は、カウンセラーという仕事に行き詰まりを感じていたCoを再び甦らせ、新たな気持ちでカウンセリングという職業に立ち向かっていく勇気を与えてくれた。

　クライエントと同行することを中核に置くカウンセリングとは、カウンセラーがクライエントの問題の解決を援助することのみに限定されない、お互いの人生がクロス・オーバーされたものとしての「人と人とのかかわり」のことである。つまり、この場合の「同行」とは、お互いに「生きがい」を模索しつつ、人生を共に歩むクライエントとカウンセラーのあり方のことを指している。

### (4)　「変わること」──変革体験

　A君の「自殺未遂」を「生への積極的意欲と願望のうらがえされたもの」としてとらえるならば、A君の自殺企図が、その後、A君が「変わること」の転換点、いわば神谷（1980）の言う「生きがいの変革体験」になっている

と考えられるのではないか。

　神谷（1980）は従来、神秘体験として総称されていた変革体験を、神秘という言葉の曖昧さを避ける為に、宗教以外の世界にも起こりうる「平凡な心のくみかえの体験」（p.235）である、と述べている。ただし「平凡な」と神谷が表現したのは「ありきたりの」という意味ではなく、どの人にも起こりうる可能性があり、人間の人格形成の一過程として考えることができる、という点からである。一方、変革体験は、それを体験するそれぞれの人々にとっては「全人格の重心のありかを根底からくつがえし、置きかえるようなもの」（p.236）であり、人間の内的世界において、古い自分を壊し、新しい自分をつくっていくという大変困難なことである。

　A君の場合、自殺が未遂で終わらず、完遂されていたらと思うと、自殺企図が変革体験であったなどと安易に論じることはできない。しかし、自殺未遂の後、Coとかかわる中で起こったA君のさまざまな内的・外的変容を思うと、A君の自殺未遂を単に否定的・病的事件として片づけることもできない。A君が生きていくプロセスで、自分自身と真に「出会い」（encounter）、自分の人生を自分の力で切り開いていく契機となる体験であったと、とらえたいと思う。

　それでは変革体験（A君にとっては自殺未遂）を経験し、A君の中の何が変わっていったのか、具体的なカウンセリング過程から探ってみたい。

　まず最初に考えられるのはA君の自分自身への見方の変容である。A君は#24-#27で自分の自殺未遂が「いじめていた人間への復讐であった」と共に、「いじめられ、惨めな自分は生きていても仕様がないと思って起こしたことである」と怒りと共に言い放った。その後、A君は過去の自分を回想しつつ、そんな自分も受け容れられるようになっていった。そして、そのような「小心者ですぐクヨクヨする自分の嫌な面」を周囲の人（特に両親）に重ねて見てしまっていた自分に気づき（#32-#34）、次第に適切な距離感をも

って他の人達と交われるようになっていった。

　特に象徴的だったのは、♯35-♯36で語られたA君が専門学校入学後、いじめられている時、逃げ回っていた中学時代からの親友との友情の回復である。A君は、それまで、いじめられていたこと以上に、この友達が助けてくれなかったことにショックを受けていた。しかし、そんな親友の姿も「致し方なかったのだ」と許すことから、A君は、その親友との新たな関係を築いていった。

　このようにA君の自分自身への見方の変容、他者への見方の変容、そして新たな対人関係の広がりなどを通じ、A君は「本当の自分を生きる」こと、つまり自分としての人生をA君なりに創造して歩んでいくことに目醒め、生きる張りがB君に戻り、新たな自分の生き方を模索していった。A君は自分で自衛隊入隊を決め、3年間の任期を充実して過ごした。その後、途中、糖尿病という大変なハンディを背負ったが、それには負けず、トラック運転手の仕事をしながら現在に至るまで生き生きと生活している。

## 【第Ⅲ部（事例1）文献】文献

有田八州穂（1993）「ラポール」小林司（編）『カウンセリング事典』新曜社、224—225頁。

Frankl,V.E. (1981) *Das Leiden am sinnlosen Leben ; Psychotherapie für heute*, (sechst Auflage) Freiburg, Basel, Wien : Herder.

稲村博（1977）『自殺学』東京大学出版会。

稲村博（1978）『子どもの自殺』東京大学出版会。

伊東博（1995）『カウンセリング』［第四版］誠信書房。

伊藤隆二（1994）「『こころ』の教育と教育相談」『月刊 学校教育相談』（12月増刊号）16－22頁。

伊藤隆二（1995）「臨床教育心理学の方法論的考察」『東洋大学文学部紀要』48、49－81頁。

伊藤隆二（1996a）「臨床心理学と『臨床教育心理学』――『行動主義教育心理学』を超えて」『東洋大学文学部紀要』49、13－31頁。

伊藤隆二（1996b）「人間性心理学の主題と方法について――神谷美恵子の『生きがい』研究を中心に」畠瀬稔（編）『人間性心理学とは何か』大日本図書、65－97頁。

神谷美恵子（1980）『生きがいについて』みすず書房。

黒田正典（1953）「精神生活の了解について――特にその客体の問題」『教育心理学研究』1（1）、30－38頁。

黒田正典（1996）「『主体変様的』という研究方法について」畠瀬稔（編）『人間性心理学とは何か』大日本図書、152－177頁。

白石英雄（1983）「精神療法と生きがい」『季刊精神療法』9（1）、30－35頁。

● 事例2 ●

**2**

# 家庭内暴力の
# 男子中学生の母親面接

## ［1］ 事例の概要

**クライエント** ： C君（中学2年・14歳）の母親。
**主　　訴** ： Cの家庭内暴力、不登校（母親の言葉）。
**家 族 構 成** ： （インテーク時）父親、43歳（飲食店勤務）。母親、44歳（専業主婦）。C君。弟、13歳（小学6年生）の四人家族。
**生育歴・問題歴** ： C君は、一人っ子である父親（以下、Fと略）と、三人同胞の一子（長女）である母親（以下、Mと略）の長男として誕生した。幼少時は特に生育史上の特記事項なし。第一反抗期がなかったように感じられるくらい、Mから見て、聞き分けのよい「よい子」であった。しかし小学3年の終わりから学習塾へ通わされ、私立中学受験を試みるが、失敗。このことが心の傷となり、中学入学以来「勉強は捨てた」とC君は言っている。中学1年の3学期頃から欠席が目立つようになり、中学2年になると完全な不登校になる。それと並行して家では自分の部屋の壁を蹴って壊したり、F、M、弟にも殴る・叩く・蹴る・突きとばすなどの身体的暴力を振るうようになった。昼夜逆転の生活で、部屋に閉じこも

り、夜、プラモデルをつくったりファミコンをしていたりして、Mから見て「暇をつぶしているだけの無為な生活」を送っている。

## ［2］ 面接経過

**期間・形態** ： 約1年10か月にわたり45回の面接を、当時Coが勤務していた地域教育委員会が設置している教育相談室で行った。来談したのは（Fも来談した途中の1回を除き）すべてMのみだった。C君にはMが来談していることは告げていたが、最後まで来談しなかった。なお、X年6月～X＋1年6月（#1－#35、#は面接の回数）は週1回50分の面接、X＋1年7月～X＋2年3月（#36－#45）は、Mの希望により、月1回50分の面接を行った。

**面接過程** ： 便宜上、4期に分けて報告する。なお、以下、＜　＞はCoの言葉、『　』はC君の言葉、「　」は父母の言葉・それ以外の人の言葉である。

［第1期］　#1－#12（X年6月～9月）
　　　　　　　　　…危機的状況にある母親を支えつつ、傾聴していった時期

　初回（6／6）　Mはうなだれて抑うつ的な感じで相談室を訪れた。なかなか話が続かず、話がとぎれがちであった。Coは性急な情報収集よりも、申込票からすでに明らかだったこのMの苦悩を考え、まずMを支え、傾聴することを心がけた。

＃5（7/4）まで、Mの話を十分に受け止めながら、家庭に対する緊急な危機介入が必要であるかどうかだけ判断できるように話を進めた。そして7月頃、Coが紹介して、M・Fがある精神科・思春期外来に相談に行った。そこでは、おそらくC君の暴力は器質的精神疾患、精神病圏の障害ではなく、思春期独特の躓きではないかと言われた。また家庭での暴力は続いていたので、近隣の警察・少年センターに緊急の場合は助けてもらうことをCoは提案したが、「まだ耐えられます」とMは答えていた。ただしC君の暴力に対する現実的な対処の方法はMと考えていき、あまり本人を刺激しないようにすること、危ないと思ったら、外に逃げたり、近くのMの実家に一時避難することなどが話しあわれた。一方、＃5－＃6の間の約1か月間、Mは体調不良のため、来談しなかった。後で聞くと、M「先生(Co)に話を聞いてもらって、ホッとしたと同時に身体の力が抜けて身体の調子を崩してしまった」と言う。初回面接から＃5まで、CoはMの精神的・肉体的疲労の蓄積への配慮が欠けていた。

　＃6（8/8）＃7（8/22）　M「Cは『自分の体は小さい、小さい。親が悪いからこんな体型なんだ』と言っているが、身長も168cmで横にもがっちりしている。また『夜、寝れないから背が伸びない』と言っているが、昼夜逆転の生活をしているので、結局、昼間はグーグー寝ている。あまり『眠れない。眠れない』と訴えるので、近くの内科に連れて行ったのだが、精神的なものだからと、薬などはもらえなかった」。Mから見てC君はいつもイライラしていて、登校はおろか勉強などできる状態ではないという。

　＃8（8/29）　M「Cの昼夜逆転の生活を直そうと朝、起こそうとすると、怒り出し、ものを投げたり、私(M)を蹴ったりする。そのことを指摘すると暴れる」。

#9（9/5）　M「普通に話をしていて足をどんどん踏み鳴らしている内に興奮してきて暴力を振るう時がある。あの子（C）は頭がおかしくなってしまったのか」。

#10（9/12）　M「なぜ自分が産んだ子に暴力を振るわれなければならないのか。生きているのが惨めと言うか……（沈黙）……」。

#11（9/19）　Mが友達に電話して迎えに来てもらい、C君は4日間続けて中学へ行った。しかし、4日目の帰宅後、C君が『どうして学校、行かなきゃならないんだ』と独り言のようにつぶやき始め、それを無視していると、急に大きな声で『恥をかかされた』とMに暴力を振るった。この日は物品に加えられる暴力がひどく、ケーキ・ナイフで自分の本箱を切ったり、窓ガラスを割ったり、壁を蹴って壊したりもした。そのような様子を帰宅したFが見て「もうお手上げだ。Cの教育はお前（M）に任せた」と言ったが、Mとしては「今までもCの教育は私に任せっきりだったじゃない」と心の中で思った。その後のC君は自室の雨戸を締め切り、自分の部屋に以前にもまして閉じこもるようになった。Coは心の中で、C君に暴力を振るわれているMを「本当にかわいそうだ」と思う一方で、そのMを助けようとしないFに内心「怒り」を感じていた。そしてCoは＜Fにも機会があったら来談してもらいたい＞とMに伝えた。

#12（9/26）　M「最近、私にCがすり寄ってきて『今日の晩ごはん、なあに？』とか『～買ってくれよー』と甘えた声を出すことがあること。また先日などはお菓子を私の口元にもってきて　アーンと言って私に食べさせたことがあった。Cは二重人格なんじゃないんでしょうか？」。Co＜二重人格と言うより、一種の赤ちゃんがえりだと思います＞。

第1期を通じて、CoはMの示す反応が家庭内暴力の子をもつ母親に典型的な動きであると思っていた。そして、カウンセリングを通じてMに何らかの好転的な変化があれば、家族内力動が変化し、C君にも何らかの好影響があるはずだと考えていた。

[第2期]　#13－#23（X年10月～X＋1年2月）
　　…C君の暴力の激化から家族は別居し、暴力が一旦鎮静化していった時期

　#13（10／17）　C君は、野球の練習をしたいとバットを探すが、見つからず、襖を壊したりして大暴れをする。やっとバットを見つけ出すと、バットで壁をゴンゴン叩きながら、『おまえら（F・M）が隠したんだな。そんなに俺が信用できないのか。こんなことをしていると、バットで殴って殺してやる』と叫んだ。

　#14（10／31）　C君が『ドア・フォーンがうるさい』と言ってコードを切ってしまう。さらにC君『自分の寝起きに家の者がガタガタするからイライラする。おまえら（F・M・弟）と同じ空気を吸うのが嫌なんだ』と訴え、弟かMに暴力を振るう。Mは衰弱している様子に見え、何らかの介入の必要ありと思ったが、そのことをMに告げてもMは黙ってしまった。

　#15（11／7）　ますますC君の暴力はエスカレートしていき、M、Fが首や手足を捻挫してしまうほどになった。ある日、普段やられるままになっていたFが耐えきれず「おまえのは逃避なんだ」と大声で叫んだことから、C君は大暴れをして、ダイニング・キッチンをメチャクチャにした上、F、Mにも暴力を振るい、F、Mとも「このままでは殺される」と思って、それぞれの実家に避難した。弟も自宅に近いMの実家に連れて帰り、自宅はC君

一人になった。Mはそのように話しながら「もう耐えられません」と涙を流した。

この後、約4か月間（X年11月〜X＋1年2月）、家族の自主的決定により、家族は別居の形をとり、それぞれ別々のところでの生活を続けた。ただMはこの間も1日1回は自宅に戻り、掃除をしたり、C君の食事の面倒を見ていた。物理的にもC君と家族が接する時間が減り、Mへの暴力もだんだんと鎮静化して行った。この間、だんだんとMの表情が落ち着いていくのがわかり、Coも家族の別居という今の状況がベストではないが、致し方が無いのではと思っていた。

**#16**（11／21）**#17**（11／28）　M「Cの言う通り、一人にしたら、段々と落ち着いてきて暴力を振るわなくなった。でも今でも物音一つ立てても大声を出して怒る。何で子ども（C）が一人家にいて、私達（F、M、弟）が外で暮らさなくちゃならないですかね」。

**#18**（12／12）　C君の方からMへ『俺も暴れたくないけど、何でかわからないけど、手が出てしまう』と謝った。Mは「今まであまりにCの問題をCだけに押しつけてきたような気がする。自分自身（M）の子育てのあり方も反省している」とMは語った。

**#19**（12／19）　C君は虚無的になり、起きている時もボーとした表情で何もしなくなる。家の雨戸を全部閉め、自分の部屋にもつっかい棒をして開かなくして部屋に閉じこもるようになった。「暴力がなくなったのは良いが、かえって心配だ」とMは繰り返した。

**#20**（1／9）　ある日、C君が急にMに宣言するように『このままではい

けない。学校に戻る気はないが、卒業したら働きたい』とだけ言い、すぐに自室に閉じこもった。その後、Mと顔をあわせると、甘えているのかニコッと笑い、穏やかな表情が戻る。

#21（1/23）　この回、かねてからMを通じて誘っていたFも来談したが、「子ども（C）は頭が狂っている。どこか良い施設はないか」の一点張りで、C君の問題を父親として引き受けていく態度が当初感じられなかった（Coは内心、C君のFに、自分自身の父親の姿を重ねあわせていた。Coの父親はCoの少年時代、家庭に問題があっても、物理的な意味でも、精神的な意味でも「不在」だったのである）。しかし、最後にFは「家内や下の息子とも相談しながら、今後はCとつきあっていきたい」と話し、その後、実際にそのようにFは動いていった。

#22（1/30）　C君は、寂しくなったのか、Mの実家（自宅の近所）に何晩か泊まりにきた。Mが一人でいると、そばに寄ってきて、C君『何をやっていいのかわからないんだ』、M「それじゃあ、学校でも行ったら？」、C君『今さら……（沈黙）』。母の実家にいた4、5日間はC君は今までにない穏やかな表情で祖父母に対しても柔らかい態度であった。

#23（2/13）　C君だけ自宅に戻り、Mは実家から毎日自宅に通う生活に戻った。Mが行くと、C君『ひまでひまで何やっていいのかわからない』を繰り返す。一方、Fが自分の実家から久しぶりに自宅に帰ってきたら、C君は急に怒り出し、『おまえ（F）何しに来たんだ』と言って、Fに乱暴した。

[第3期]　　#24−#36（X＋1年2月〜7月）
　　　　　　… 紆余曲折はありながらも家族内関係が変容していった時期

　#24（2/27）　　C君の方からMに自宅に戻ってきてほしいという連絡があり、Mと弟は自宅に戻る。しばらくして連絡を受けたFも自宅に戻る。

　#25（3/6）　　FがMに「Cが夜中にガタガタするので眠れない。仕事にもさしつかえる」と訴える。Mは直接本人に言うことを勧めるが、Fは言わなかった。M「主人（F）は一人っ子で両親からかわいがられて育っているので何か問題が起きても自分で解決しようとする姿勢が見られない。でも最近は少し変わってきた。多少の怪我はしょうがないと言って親としてCに言うべきことはだいたい言ってくれる。私（M）の心の負担も大分軽くなりました」。この頃からFはC君との共通の趣味である野球観戦や釣りに時々出かけるようになるが、出かけている間、C君は不機嫌な顔はしないが、Fと一言も話さない。

　#26（3/13）#27（3/27）　　Mの子ども時代の話「三人兄弟の長女であった私（M）に父（C君から見て祖父）は特に厳しかった。父からほめられたという記憶がない。父は家庭の中の絶対者で母（Cから見て祖母）や私達兄弟から見て暴君だった。まるでこの前までのCのようだった。普通にやるのが当たり前と父から躾けられたから、Cの行動の意味の本当のところを良く理解できなかったのかもしれない」。

　#28（4/3）　#29（4/10）　　この間、弟がC君に「何で中学行かないの？」と頻繁に尋ねていたが、C君は怒ることもなく、『俺のせいじゃない。

親が悪いんだ』と答えている。

#30（4/24）#31（5/8）　MはC君が何を話していても『何で？　何で？』と幼児のように聞いてくるので、内心「いいかげんにしてよ」と思うが、「今のCにとって必要なことなのだろうとつきあうことにしている」。この頃から昼間でもMが車で連れていけば、床屋やコンビニなどへも外出できるようになった。M「まるで幼児のようだが、もう1回、Cとの親子関係をやり直しているような気がする」。

#32（5/22）　大分C君の暴力はおさまってきていたが、F、Mが強く望まれるので、Coの紹介で、月1回程度、精神科（思春期外来）にF、Mが通うようになる（医師は第1期と同じ人）。そこでは医師から「C君の場合、学校のことは一旦置いといて、家庭の中で暖かい雰囲気で包み込むようにしたら良い。またあまり暴力がひどい場合は警察を呼びなさい」とアドバイスされる。M「先生（Co）にはちょっと申し訳ないような気もするが、主人（F）と一緒に（精神科に）相談に行くことが、私（M）を安定させるんです」。これに対して、Coは、これまで「C君の家族を共感的に理解している」「C君のMを了解している」という意識が強かったので、このMの発言に違和感を感じた。また何か「他人事」のように感じた。

#33（5/30）#34（6/13）#35（6/27）#36（7/11）　再びC君の暴力が激化して以前のようになってしまった。C君は自分が話していて興奮してくると『ブッ殺してやる。俺はどうしたらいいんだ。こうなったのは親の責任。これからどうしたらいいんだ』と叫び出し、F、Mを殴りつける。またF、Mが精神科医に相談に行っていることがわかると、さらにC君は激しく暴力を振るうようになった。Fはたまりかねて、仕事から帰ると、すぐ2階

の寝室に行って寝てしまうようになり、Mから言わせると（精神的な）「父親不在」の家庭の状態に戻ってしまった。ただMは、ここまでC君のことを大分一緒に考えてくれるようになって、外に連れ出してくれたりもしていたFに対して、致し方がないようにも思える。以上のような話を聴きながら、Coは暴力を繰り返すC君に内心初めて「怒り」を覚えた。またC君の暴力の対象になっている家族を「本当に被害者だ」と強く思うようになっていた。

[第4期]　#37−#45（X＋1年8月〜X＋2年3月）
　…C君の精神科入院から暴力がおさまり、C君なりの自立への動きを始めた時期

　#37（8/1）　C君が『夜眠れない』と訴えて、『おまえらのせいだ』とF、Mに激しい暴力を再びふるった。Mは面接で「理由は本人なりにあるのは今までの面接でわかった。しかし暴力を実際ふるわれている時の親としての辛さ・悲しさ・恐ろしさ・憤りといった感情を抑え切れません」と激しい調子で話し涙を流した。この後、F、Mから（Cの暴力に対して）「もう限界です」という連絡がCoの元にあり、話しあった結果、C君を病院（F,Mが相談に行っている精神科医がいる思春期病棟）に入院させることをF、Mが決意する。

　#38（8/29）#39（9/12）　8月下旬、C君を病院へ入院させるべく、F、MはC君を連れ出す。途中、感づいたC君とFが駅で取っ組みあいになるが、Fは「ここで折れたら、また同じことになる」と必死で病院まで連れて行く。入院すると、C君はすぐにおとなしくなった。また入院した翌日から夜5分おきくらいに家に電話があり、最初の内は『脳波の検査があって毛が抜けた。こんなとこ入れやがって』と威勢がよかったが、だんだんと『俺が悪かった。ゆるしてくれ。家に帰らせてくれ』とMに連日のように懇願す

るようになった。

#40（10／24）#41（11／21）#42（12／19）#43（1／30）　その後、10月、F、Mは担当医師と相談した上で、平日は病室から院内学級に通うようにし、週末は家に戻るという生活はどうか、とＣ君に提案して、Ｃ君もしぶしぶ了承。院内学級は登校を強制されず、自主的に登校できる日はするというもので、他の生徒と共にスポーツやゲーム、創作活動、調理実習をしたり、また社会科見学、旅行などもあり、「本人は初めてそこに居場所を見出せたようである」とMは語った。週末に家に戻った時も、Ｃ君が家族に暴力を振るうことは皆無になり、院内学級の楽しさを家族に説明するようになった。この間の面接ではMは「ほっとして力が抜けた。とにかくＣが何でもいいから意欲をもって行動してくれるようになったのが最も嬉しい」という話を繰り返した。

#44（2／20）#45（3／6）　その後、主治医の許可も出て家庭の方も受け入れ態勢が整ったので、2月にＣ君は病院を退院した。家に戻ったＣ君は自分から言い出し、地元の中学に復帰し、『学校は楽しい。今まで何で気づかなかったんだろう』と言うまでになった。再登校し始めた最初の頃はさすがに遅刻が多かったが、担任の先生やクラス・メートに事前にMが説明しておき、徐々にクラスに受け入れられるようになった。普通に仲良くつきあえる友人が数名でき、その子達と放課後、一緒に遊ぶようになり、Ｃ君の表情はいつも生き生きしているようになった。この後、Ｃ君の進学先（通信制高校と提携している専門学校）も決まり、F、Mの心配も軽減し、Mの「今後も、あの子の親として生きて行くことは大変でしょうが、でも乗り越えて行けそうな気がする」という申し出により、全面接を終結とした（しかし、終結はしたものの、Coは、一つの大変な事例を終わらせることができた安堵感で放心状

態であったと同時に、「何か本当にこれで終わらせてよいのか」という後味の悪さも感じていた)。

## ［3］ 考　察：「了解」の失敗について

　筆者は鶴田（1998a, p.58）において「カウンセリング面接における了解」を「クライエントが自身の体験を語ったり、表現していること、すなわちクライエントの主観の世界を、その人の内的／外的経験の心的現実（psychic reality）として、カウンセラーがその『ありのまま』を認め、そのままを共感的に受け取ることである」と定義した。また鶴田（1998b, p.195）では、単にカウンセラー（以下、Coと略）が一方的にクライエント（以下、Clと略）を「了解する」というのではなく、ClとCoの双方が、お互いに「了解しあう関係」を築くことの重要性を主張した。しかしながら、そのような「了解しあう関係」が、本事例の母との間において達成されていたかは疑問である。
　本事例では、「家族の別居」（♯15-♯23）「Ｃ君の精神科入院」（♯38以降）「医師の指導による院内学級への登校」（♯40-♯43）といった事柄を転換点として、紆余曲折はありながらも、Ｃ君の暴力は鎮静化していった（面接過程参照）。しかし、母親との面接過程を振り返ると、母が真にCoに支えられ、Ｃ君への対応を自己決定し、主体的に動いていくことによって、Ｃ君との関係・家族との関係を変容させ、その結果、Ｃ君に好転的な動きが現れたとは言いがたい。それは、主としてCo側の対応の不備、つまり、面接を通じて母との間に「了解しあう関係」を築いていけなかったことが、その大きな要因の一つになっている。そこで以下、本事例における「了解」の失敗要因を四つに分けて検討したい。

### (1)「了解」の失敗要因 : 1 了解の前提の欠如

本来、カウンセリングにおいて、Clを「わかろう」とするCoは「そのわかりにくさ」に苦労する。そもそもClを「完全にわかる」ことなど、ありえないのであるが、Co自身が自己のあり方に気づいていないと、「わかったつもり」の幻想に支配される。本事例においては、Coは、面接初期にClであるC君の母親を家庭内暴力の子をもつ「典型的な母親」と位置づけ（特に第1期）、その考えが修正されずに、その後の面接を進めている。このことにより、Coは母親との面接で柔軟な対応が取れず、C君の母親との間に堅実な信頼関係を築いていけなかった。それは例えば、♯32に父母の精神科受診が始まった時のことなどに象徴される。精神科を受診したこと自体はある面で良かったとしても、Coと医師が連携して父母を支える関係ではなかったことが問題であった。もし父母も十分に理解した上でCoと医師が適切な連携をしていたら、♯34－♯36に父母の精神科受診を知ったC君が再び激しく暴力を振るい始める事は避けられたかもしれない。

本事例では現実にうまくいっていなかったのに、うまくいっていると思い込み、Coが「自身のその時その時のあり方」を内省（introspection）する事を忘れてしまっている。この場合の内省とは、カウンセラーがクライエントに「共感的に反響していた自身の部分を観察することによって、共感者（カウンセラー）の自我が、観察している部分と観察されている部分に分離される」（Zderad, 1969, p.660）ことによって始まる。つまり、カウンセラーは自身の内面に対する気づき（awareness）を深めていくことによって、クライエントへの共感能力を向上させていくことができるのである。

しかし、本事例では、カウンセラー自身の内省を欠いた姿勢により、C君の母との間に「了解しあう関係」が築けなかった。つまり「了解しあう関係」の前提である「Co自身が自己のあり方に気づいていること」が欠如してい

### (2) 「了解」の失敗要因：2 「了解している」という思い込み

「了解の過程」の底流には「共感」(empathy) のプロセスがある。共感とは、上田吉一 (1993, pp.327-335) によれば、「同一化 (identification)・とり入れ (incorporation)・共鳴 (reverbration)・分離 (detachment)」の四つの側面が統合され、統一されたものである。

「同一化」とは、自己が他者の内に没入してしまい、まったく他者になり切る状態であり、それは著しい他者への感情移入である。例えば、面接全体を通してCoはMを「弱き母」「一方的な暴力の被害者」として過度に同情するあまり、C君に対しては「一方的な加害者」として内心かなりの「怒り」を覚えていた（＃34－＃36）。このようなCo側の心理状態に「同一化」が関係している。一方、「とり入れ」とは、他者の経験を自己のものとしてとり入れ、体験する事である。例えば＃21でのCo自身の父親とC君の父親を重ねあわせて見ていた心理状態と関係していることであり、Mを助けないFに対してCoが内心強い「怒り」を抱いたこと（＃11）もこれが影響している。

これらは、「同一化」や「とり入れ」の否定的側面が出てしまっているのであり、本来、「同一化」や「とり入れ」により、カウンセラーはクライエントのイメージを自分自身の気づき (awareness) の中に持ち込み、その気づきを通して、カウンセラーはあたかもクライエントであるかのように知覚するという肯定的な面も含んでいる。

また「共鳴」とは、いわゆる他者の「心の琴線に触れる」ことであり、それはあらためて自己の意識や感情を強く呼び起こすものである。これは、「同一化」や「とり入れ」の肯定的側面に対するカウンセラーの内的反応であり、クライエントの身になって感じ、クライエントの経験を共に味わい、そしてクライエントとほぼ一致した感情が生じることを指す。残念ながら本

事例ではCoが面接の初期の段階でMを「典型的な家庭内暴力の子をもつ母親」として位置づけてしまい、Mの心の動きにCoの心を添わせていく態度が弱かった。

　さらに「分離」とは、他者に過剰に没入したり、合体するのではなく、他者と一歩かけ離れた関係が重要だということである。これは、クライエントの身になって感じるという経験を、ある種、客観的に眺め、批判的に吟味することを本来指す。しかし、本事例においてはMおよび家族に対するCo側の過剰な「同一化」や「とり入れ」（否定的側面の）によって、Mとの面接で適切な距離が保てなかった。

　この四つの共感の側面のうち、実際のカウンセリングの場において、どれが比較的強くなり、どれが比較的弱くなるのかが、カウンセラーの自覚すべき課題である。しかし本事例の場合「同一化」や「とり入れ」の否定的側面が強く出てしまい、「共鳴」や「分離」の側面が弱くなっている。それは、C君の家族に対して、Coの「原家族（Family-of-Origin）の投影」（中村,1994）が起こっていたからだと考える。

　つまり、C君の家族が体験していることと、子ども時代のCoの家族との体験を重ねていたのである。もちろんその内容はまったく異なるのだが、Co自身の心の底の底にしまってあった経験が、C君の家族の事例を担当することによって賦活され、過剰にC君の家族を「とり入れ」「同一化」してしまったのである。そして「共感」の残りの二つの側面、他者と距離を取りながら（「分離」）、その他者の心の琴線に触れていく（「共鳴」）プロセスが、C君の母親面接において背景に退いてしまったのである。

　それゆえ、＃32では、Coは、C君の家族を「共感的に理解している」、C君の母を「了解している」という錯覚に陥っている。またそれと同時にC君の父母から「精神科外来に通うことになった」と話されても、Coは自分が紹介したのにもかかわらず、その話を「他人事のように聴いていた」のであ

る。

### (3) 「了解」の失敗要因：3　了解の限界

　精神科臨床医の山下（1997, pp.14-15）は「早まった了解」の危険性を指摘し、「了解」にはそもそも「普遍的な法則はない」し、「常に限界をもつ」と述べている。

　「了解に普遍的な法則はない」ということは、カウンセリング過程においては、了解はClにあわせて常に流動的に変化していくものだということである。本事例においては、C君の暴力が激しく絶望のどん底にあった第1期の母の気持ち、別居を始めた第2期の母の気持ち、再び家庭に戻った第3期の母の気持ち、C君を無理やり精神科へ入院させた第4期の母の気持ち、それぞれ異なったものだっただろう。Coは、そのような母親の気持ちに沿って「了解」を進めてはいない。例えば＃12の面接で母がC君の「退行」に当惑していた時に、Coは、その母の気持ちを受け止めず、それは「赤ちゃんがえりです」と「知的解釈」で返している点などが象徴的である。

　また「了解には常に限界がある」ということは「完全な了解」「完全なクライエント理解」は幻想に過ぎないということである。「了解しあう関係」とは、Cl・Co双方の主観の世界を相互に関与させるプロセスを指すのであって、「完全に了解しあった関係」といった「到達点」は存在しない。つまりCl・Coの双方が、お互いに「了解」という方向に向かって、かかわっていこうとしている状態である。

　したがって本事例においてCoが母親および家族を面接の比較的初期に「家庭内暴力の典型的事例」として「了解できた」と思い込んだのは錯覚であり、先述したCoの原家族との問題がそうさせている。もし、このような「意識化」がCoにできていれば、面接者を交替してもらうか、交替しないとしても、スーパーヴァイザーに相談しながら、Co自身のあり方を検討しつ

つ、本事例が「なかなかわかりにくい。そのわかりにくさはどういうところからくるのだろう」という点についてＣ君の母親と検討すべきであった。

### (4) 「了解」の失敗要因 ： 4
#### 了解は相互理解に向かうプロセスであるという認識の欠如

本事例では、母との面接を続けていくのと並行して、Ｃ君の状態が落ち着いてきた時に、相談室来談を誘ってもよかったのではないかと思われる。「家族を一つのシステムとして見る」とは、家族成員一人一人に目配りするということであり、それが結果的には「家族内力動に変化」を与え、新たな家族関係を築く一助になるということである。決して（本事例で言えばＣ君という）特定の家族成員を「悪者」にし孤立させることではない（#34-#36）。

またＣ君の父親の場合はどうだろう。Coは単純に「息子に無関心だった父が少しずつ『家族のこと』にかかわり出した」と経過（#21）で記述した。しかし本事例を冷静に振り返ってみると、CoはＣ君に暴力を振るわれている母親に過度に感情移入しており、その母親を助けない父親に対して「怒り」の感情を持っていた（#11）。その怒りを面接で直接的に出していたわけではないが、母親面接を通じて無意識的ではあるが、間接的に父親を「操作」しようとしていたのかもしれない（#21以降）。それによって本来の父ではない父を演じさせてしまったおそれがある。したがって、#34-#36ではＣ君の家庭は再び精神的な意味での「父親不在」に逆戻りしてしまった。

なぜこのようになったのかというと、Co自身の少年時代の体験で、家庭に問題があっても、いつも物理的な意味でも精神的な意味でも「不在」であったCoの父親に対する思いを、Ｃ君の父に投影していたからであろう（#21）。このような「カウンセラーに見られる投影性同一視 (projective identification)」を、佐藤 (1981) は「精神療法（カウンセリング）における治療者（カウンセラー）の投影性同一視は、基本的には苦痛な気持ちを患者（クライエント）

に押しつけ、患者（クライエント）を操作することで不安を防衛しようとするもの」と説明している。

つまり、カウンセリングの視点から言えば、このようなカウンセラー側の投影性同一視によるクライエントとの主観の重なりは、いわばネガティブな方向で、カウンセラー側から一方的に共有されたと思い込んでいる「主観の世界」であり、結果、クライエントにもカウンセラーにもポジティブな方向への変容が起こりえないのである。このことに関して、弘田（2000）では「間主観的交流の負の面、つまり、一方の情動の動きに否応なく巻き込まれてシンクロナイズさせられてしまうという、拘束し、相手の主体を飲み込む側面への注意も必要である」(p.650) と指摘されている。

Coは、父親に対してのみならず、この投影性同一視によって、C君、弟、そして母親をも、自らに過剰に「とり入れ」そして「同一化」し、C君の家族が経験していることをCo自身の子ども時代の体験と過剰に重ねあわしていた（#11・#21・#34－#36）。したがって、カウンセリング・プロセスにおいて重要であるClとCoが、ある程度の距離を保ちつつ（「分離」）、お互いがお互いを共感的に理解しあう（「共鳴」）ということに意識がいかなかった。このようなことから、Coは「家族に理不尽な暴力を振るうC君」「一方的な暴力の被害者である母親・弟」「無関心だったが、家族と少しずつかかわり出した父親」という構図を、途中修正されないまま、面接の中で抱え込んでしまった。その為、常に流動的に変化していく「カウンセリング・プロセス」という認識が、この事例ではもてなかったのである。

なお、投影性同一視は、無意識の働きであり、自覚されにくく、そして自覚されても認めがたいものであるため、本事例のようにクライエントとの援助関係に混乱を招きやすいのだが、一方、前述（「了解」の失敗要因：2、3参照）したようにカウンセラー自身の「内省」や、スーパーヴァイザーによる「支え」によって、カウンセラー内部に気づき（awareness）が生じた場合、

クライエントの内的葛藤を理解するのに役立つ。それは、カウンセラー側の投影性同一視も、クライエントとカウンセラーの「間主観的かかわり」によって生じたものと考えるからである。つまり、このような検討を行っていくことによって、カウンセリング・プロセス自体にも何らかの影響が及ぼされるのである。

【第Ⅲ部（事例2）文献】

弘田洋二（2000）「間主観的交流相の表・裏——病理的関係から抜け出ることをめぐって」『人文研究』（大阪市立大学文学部紀要）52（第7分冊）、641－656頁。

中村伸一（1994）「ある初回家族面接の失敗から」『精神療法』20（3）、215－221頁。

佐藤五十男（1981）「投影性同一視について」『精神分析研究』25（2）、47－59頁。

鶴田一郎（1998a）「カウンセリングと『生きがい』についての一考察——自殺未遂の専門学校生とのケースから」『カウンセリング研究』31（1）、52－61頁。

鶴田一郎（1998b）「『生きがい』の心理学へのアプローチ——『生きがい』という言葉の意味と、『生きがい』の心理学の目指すもの」『人間性心理学研究』16（2）、190－197頁。

上田吉一（1993）『精神的に健康な人間』川島書店。

山下格（1997）『誤診のおこるとき——早まった了解を中心に』診療新社。

Zderad,L.T.（1969）"Empathic nursing ; realization of a human capacity," *Nursing Clinics of North America*, 4（4）, 655-662.

● 事例 3 ●

# 「ひきこもり」の青年期
## 　　男子クライエントへの訪問相談

### ［1］　事例の概要

**クライエント**　：　E君、面接開始時（X年2月）17歳、男性
　　　　　　　　（以下、Clと略記する時もある）。

**主　　　訴**　：　不登校の状態にあり、強迫的行動（手洗い・シャワーなど）、視線恐怖（外出した時、知らない人の視線が過度に気になる）、偏食（肉類を一切口にしない）、家への引きこもりなどが見られる。

**生　活　歴**　：　両親待望の長男として誕生。乳幼児期から小学校5年までは母にとって手のかからない良い子であった。初めての子であったので、母は「こんなものなのかなあ」と思っていた。小学校時代、親しい友人は数名、自ら友達を求めることはなし。小学校6年になり、私立中学受験を両親から勧められ、学習塾に通い始めるが、数か月でやめる。中学受験は志望校を親に一方的に決められた上に本人の意志に反して成功する。

　中学1、2年は、どうにか進学校であるその中学についていこうとしたが、中学3年になり、特に高校受験へのプレッシャーが高まった10月頃から、朝、腹痛が起き、学校へ行けなくなった。

この頃からE君は手を頻繁に洗うようになり「汚い」と自分の持ち物をよく拭くようになる。中学時代は親しい友人なし。

その後、進学期になっても高校が決まらず、本人に進学の意欲もないままに、親からある専門学校・高等課程を勧められ、不本意ながら入学を決意する。その反面、入学が決まると、「どうにか心機一転やり直そう」「今までのマイナスを一気にプラスにしよう」と思い、意気込んで入学式に臨む。しかし、登校しようとすると、中3の10月と同様に朝に腹痛が起こるようになり、結局、入学式を含めて2、3日登校しただけで、不登校となり、その後、家に引きこもるようになった。

**家族構成** ： 父親（54歳）は公務員であり、家庭も仕事も順風満帆な人生を歩んできたと思っていたが、息子の不登校にショックを受け、どうにかE君とかかわろうとしている。しかしそれが裏目に出ていて、E君から拒否されている。

母親（45歳）は専業主婦であり、「息子の不登校の原因がわからないし、原因がわからなければ対処のしようがない」と語った。両親とも「自分達の子育てが悪かったからだ」と自分達を責め、絶望的心境を語った。

弟（15歳）はE君の2歳年下で私立中学2年。E君とは異なり、活発で友人も多く明朗快活な感じ。

**訪問面接までの経緯** ： X年1月、E君の母より、筆者（以下、カウンセラー・Coと略）の勤務していた教育相談室に「相談申し込み」があり、相談室で母と面接をインテークを含めて3回行う。その後、両親からの要請があり、E君の了承も取った上で、X年2月から訪問面接を開始した。訪問面接の要請をCo側も了承した理由は、家庭内暴力はないが、親子関係がすれ違いであるように思われ、

E君は自室に閉じこもりがちであると両親から聴き、来所の可能性も将来にわたって低いのではと考え、訪問面接を継続的に行うかどうかは別として、訪問することによってE君への援助の手がかりが得やすくなるのではないかと思ったからである。

## ［2］ 面接経過

X年2月からX＋4年2月までの約4年間に94回にわたる面接を行った。面接の大半はE君宅の1階（E君の自室は2階）の応接間（音楽演奏用防音設備つき）で土曜日の3時から4時に行った。その他、中途、何回か、E君の方から場所を指定してもらって、街の喫茶店で面接したり、面接終結までの1年間はフォローアップとして月1回程度、電話でのやり取りを行った。

またE君の了承も取った上で、両親からの相談は不定期に電話でCoが受けた。これは親担当のカウンセラーが急病のため、その旨を両親に話したところ、そのカウンセラーと両親がかつて面識があったため「新たなカウンセラーを依頼するより、子担当の鶴田に両方を担当してほしい」という両親の希望からである。

以下、E君との面接を中心に4期に分けて報告する。なお　「　」はE君あるいは父母の言葉、＜　＞はCoの言葉、＃は面接の回数である。

[第1期] ＃1－＃44（X年2月〜X年12月）

　　　　　　　　　　…訪問面接の開始（毎週1回の訪問面接）

＃1（2月）　時間通りE君宅に到着するが、E君は自分の部屋から出てこなかった。何度か母が呼びに行くと、30分後、ボーとした顔つきで冬だと

いうのにTシャツとジーパンに素足でE君が現れる。Coはまず自己紹介し、＜約束はしていたが、君にとっては突然の来訪で驚いているのでは？＞と聞く。E君、無表情で「気にしないで下さい」。Co＜今後も定期的に来てもいい？＞。E君、そっけなく「別に構いませんよ」。

＃2　E君は定刻通り応接間で待っていたが、Coが＜日頃どんなことをしてるの？＞と話しかけても、「ええ」「まあ」「別に」とだけ表情を変えずに受け答えしていた。しかし、少しずつ視線をあわせるようになる。

＃3（3月）　E君の方から唐突に「アルバイトをやめました」と話し出す。続けて「学校へ行ってない分、何かしなきゃならないと思って、バイトを始めたんですが、カゼをひいてしまって3日でやめました」。一見、本人は、このことにショックを受けている様子はなく、事実だけが淡々と語られたが、最後にポツリ、「俺はどうせ何をやってもだめなんだ」。

＃4－＃5　E君から日常生活の様子があまり感情のこもらない口調で淡々と語られた。それは「昼夜逆転の生活を送っており、起きている時はファミコンをしたり、テレビを見て過ごす。人とかかわりたくないので外へは出ない。でも先生（Co）は別、気にせずに家へ来て良い」等々。

＃6　E君の方から「こんな生活（不登校で家に引きこもっていて昼夜逆転の生活）してちゃダメだと思って、朝4時などに起きてみるけど、長続きしない」。E君の昼夜逆転の生活は翌年の12月頃まで続いた。

＃7－＃10（4月）　E君の自室の鍵の話「別になくても良いが、人に中を見られたくないので、去年の6月位につけた、汚れているので先生（Co）

も覗かないで下さい」等々、とぎれとぎれに語る。Co＜君が嫌だと思うことは僕はしないよ＞と答える。……後に父からCoへ電話「部屋の鍵のことで、Eから突然に『絶対はずすな！』と怒鳴られ、驚いている。こんなことなら、無理にでも取りはずした方が良いんでしょうか」。

＃11（5月）からCoが来訪する前にE君がお茶を用意してくれていたり、また玄関まで送り迎えをしてくれるようになった。

＃12―＃13　E君「1日に3～5回シャワーを浴びないと、何か落ち着かない」と言う。その反面、外に出る意志がないためか、髪などはとかした形跡なし。

＃14　世間話の途中、唐突にE君が「こんな自分になったのは半分は自分の責任、半分は親の躾が悪かったから」と話し出すが、その後は憮然とした表情で沈黙。

＃15―＃44（6月～12月）　この間、E君は理路整然と過去から現在までの話（生活歴・参照）をしてくれる。しかし全般に事実関係は非常に良くわかる話だったが、何か台本を読んでいるような感情のこもらない話し方だった。ただし＃43（12月）は、その他の時と較べてE君の気持ちが良く語られていて、Coの心に響いた。＃43のE君の話「お袋に子どもの頃から『一度やり始めたら、やり通しなさい』と厳しく言われていて子ども心にそれに応えようとして、不本意ながら私立中学を受験したり、専門学校（高等課程）に入ってみたりした。でも中学も専門学校も自分の意志で入ったのではないから、いつも内心イライラしていて友達もできず、自分の居場所もなかった。その怒りを何かにぶつけたかったが、できないまま、結局、体調を崩し、学

校に行けなくなった。しばらくすると、そんな怒りや苦しみも感じなくなって家に埋もれた状態になった」。

この6月～12月、E君に質問されたこともあって、Coは自らの体験を語った。それを要約すると、「大学時代、海外遠征を目指して山登りを続けていたが、大学3年の合宿で滑落して、右足に大怪我を負った。二度と山に行けない体になってしまったと同時に、右足が完治するまで約3年かかった。その間、山仲間の人達が相次いで遭難死していくのを見て、かなり長い間、抑鬱状態だった」というものである。E君は、この話に興味をもち、Coの実体験を聴きたがった。Coは、どうにかE君に今の状態を脱却してほしいという願いを込めて、自分の体験を語っていた。

[第2期] ♯45－♯68（X＋1年1月～12月）
　　　　… Coの突然の身体の不調から面接中断、そして再び面接再開

　**面接中断**（X＋1年1月～2月）　1月初旬に数度にわたってCoは通勤電車の中で突然の腹痛に襲われた。病院の検診では「過敏性腸症候群」と診断された。そして発症から検査・診断・治療まで2か月かかった。
　この間、Coの方が、あたかも「引きこもっている」ような感じだった。事情は電話でE君および両親に説明し、面接は2か月間休ませてもらった。だいぶ症状が良くなっていた2月の下旬、E君の方から電話をもらい、E君宅とCo宅の中間点辺りで会う。Coが＜この2か月、お宅に伺えなくてごめんなさい＞と謝ると、E君は「身体が悪い時は仕様がありませんよ。もう大丈夫なんですか。僕も心配していました」と同情的な表情で答えた。
　Coは外に出るのが困難な状況であったE君が、自分のことを心配してくれてわざわざ出て来てくれたことを心の中で感謝しつつ、次週（3月）から

訪問面接（週1回・土曜日3時から4時）を再開したいことをE君に話す。

#45―#50（3月～4月中旬）E君「先生（Co）の病気の話を聞きたい」。Co＜最初は何の病気か確定しなくて不安だった。また、ある検査の帰り道、バリウムが逆流してきてズボンを真っ白にしてしまった時、歩いている人に見られているのでは、と非常に惨めだった＞。E君「電車に乗っていると、僕も回りの人に見られているような気がするので良くわかります」。Co＜後で検査医も同じ病気（過敏性腸症候群）に罹っていることを耳打ちされて、何かホッとしたと同時にその先生と二人で笑ってしまった＞。E君「そりゃ、医者の不養生だ（大笑い）。先生（Co）の病気、初めの頃は他人事で。でも、暫くたつと心配になってきて会いに出かけたんです」。Coは、なるべく病気の時の自分の気持ちを素直にE君に伝えたいと思っていた。

#51―#55（4月下旬～5月）　Coの身体を心配してE君の方から言い出し、Coの勤務先の三つ手前の駅近くの喫茶店で面接をすることになる。その間のE君の話「他人が自分がいない所で自分のことを話していると想像してもあまり気にならなくなったが、やはり人とかかわるのは辛い。ファミコンをやっている方が楽しい。最近、週1回、中国語のサークルに行くようになった。最近あまり外に出ていなかったので街の緑がまぶしい。でも、ビルの雑踏、電車の中、ゴミゴミしているところは依然としてダメ、疲れてしまう」。Coは、やはりE君が外で会うのが苦痛そうだったので、E君と話しあって再び訪問面接（隔週・土曜日3時から4時）に戻す。

#56―#61（6月～8月）　将棋が得意なE君からCoが「生徒」になって手ほどきを受ける。この間、将棋をしながらE君はリラックスして表情豊かに話をしていた。その話とは「今一番燃えられるのはやっぱりファミコン。

5時間続けてやる時もザラ。先生（Co）は別だが、人相手より機械相手の方が楽しい」。

**父母からの電話**（8月）　父母「6月頃、やたらとEが『どうして親父とお袋は結婚したのか？』『俺みたいな子どもをもってどうか？』と聞いてくるので対応に困っていたが、最近（8月）は（母が）病気の時『大丈夫か』と声をかけてくれたり、（父が）忘れ物をすると駅まで届けたりしてくれる」。

**#62－#65**（9月～10月）　E君「最近、親父もお袋も以前のように自分に干渉せず、自分の仕事や趣味に励んでいるようです」。Co＜御両親のイメージ変わった？＞。E君「前は親父は無干渉、お袋は過干渉だった。また親父やお袋は外向的で明るいのに、何で俺だけ暗いのかと僻んでいたことに気がついた」。Co＜君自身、変わってきた？＞。E君「あまり変化なし。でも中国語のサークルは続けています。自分より年上の人ばかりだから気軽に話せる。人の視線も少し気にならなくなった。時々、隣街ぐらいまで自転車で出かけます」。

**母からの電話**（10月）　母の話「今でも本人は1日に何回もシャワーを浴びている。この事は未だに理解できない。でも今まであまりに自分がEを厳しくしつけ過ぎていたことに気づいた。それは自分の母（E君の祖母）から受けてきた教育そのものだった。また今までEが学校に行けない事、外に出られなかった事をEだけのせいにしてきた気がします。最近、Eが皿洗いや風呂掃除をしてくれるが、心から『ありがとう』と言えるようになった。今まで口煩く言い過ぎていた事をEに謝った。Eは『お袋、気にすんなよ。俺の方は今は何とも思ってないから』と言ってくれました」。

#66－#68（11月～12月）　#66　E君の夢「親父と演奏会に行く事になって電車に乗っている。A駅（乗降客が多く、人込みがすごい）で降りるが、降りる駅を間違えたことに気がついて慌てて再び電車に乗る。しかし気絶したような感じで寝入ってしまった。しばらくしてハッとして起きると、目的の駅はとうに過ぎていた」。この夢を見た日、E君は現実に父と一緒にある演奏会に行く事になっていたが、朝の腹痛のため行くことができなかった。この夢のE君の感想「やっぱり人込みに出ていくのが嫌なのが出たのかなあ。親父と出かけること自体は嫌ではないんだけど……」。

#67　E君の夢「見知らぬ人と一緒に泥棒をしていて、ファミコンを盗もうとするが失敗。女性の私服警官を振りきって外に出たら、武装した警官がたくさん待っていた。必死で逃げる」。E君の感想「不快な感じはなく、スリルに満ちた気持ちだった。ずっと家にいて変化のない生活をしているからこんな夢見るのかな」。

#68　E君の夢「親父と一緒に美術館に行って人間の彫刻を見ている。一つ一つよく見て行ったが、その内、男の像と女の像が何体ずつあるか、数えたくなった。数えている内に気持ちが落ち着いてきた」。E君の感想「前はこんな夢見ると、気味が悪かったけど、今は平気」（なお、この頃、E君の自主的決定により、専門学校を退学する）。

　第2期は、第1期と比べて、面接中にE君の方が話している割合が格段と大きくなっていた。

[第3期]　＃69－＃80（X＋2年1月〜12月）
　E君の肉嫌いをめぐって——自己・他者・宇宙について（月1回の訪問面接）

　第3期はE君の希望で月1回の訪問面接になる。E君の方から話を進めることが多くなり、肉嫌いの話を中心にして徐々に自己・他者・宇宙へと、その話はめぐった。Coは、その話をほとんど黙って聴いていた。

　＃69（1月）　E君の初夢「犬の顔をしているオロチがいる。これから何かのストーリーが始まるような気がする。オロチは動いているが、襲ってきてはいない。ストーリーが始まる前に目覚める」。E君の夢の感想「自分は宇宙人の存在に興味がある。宇宙の終わりと始まりについて知りたい。永久の命があれば、宇宙に旅立ち、宇宙人がいるのなら会ってみたい」。

　＃70（2月）　マンガ『ドラゴンボール』の話「話の中にフュージョンといって二人が融合すると、強大なパワーをもった戦士になれるというのがある。異なる体質・資質、例えば男性と女性があわさると、どのような資質をもった子どもが生まれるのだろう」。

　＃71（3月）　E君「人は何で結婚してセックスして子どもをつくるんだろう。見知らぬ女性と接するなんて自分には信じられない」。

　＃72（4月）　E君「3年ほど前から肉類を一切口にすることを避けている。生きたものを殺すことへの嫌悪感があって肉を食べられなくなった。肉食をやめてから、この世の創造主である神によって生み出された人間も含めた動物同士が食べあうことはないだろうという気持ちになった。また人間は

他の動物よりも進化しているのだから、他の動物をわざわざ食べなくても体を維持していく方法があるはずだ。そう思って菜食になった。でも今は以前のように一人で食事することは少なくて、お袋と一緒に食べることが多い」。

#73（5月）　E君「菜食を始めてから宇宙に興味が出てきた。地球創成の時、色々に適応した生物が発生したのだから、必ずしも食べ物を食べずとも生きていける生物もいたはずだ。人間も物を食べなくても生きていける時代が来るかもしれませんね」。

#74（6月）　E君「子どもの頃、無理やり自分の許容量を越えた勉強をやらされたのが人間拒否のスタート。そして人とかかわらずに済むファミコンや、宇宙のことを考えるのが好きになった。そんな生活を続けていたら、将来、何がやりたいかも思いつかなくなっていた」。この頃からE君は週1回の中国語サークルの他に車の免許を取るために教習所にも通い出す。昼夜逆転の生活も1月頃より段々朝型になってきていた。また季節にあった服装をするようになっていた。

#75（7月）　E君「つくづく自分の心はコントロールできないと思った。一人になって他人との関係を断ち、逃避しているのはわかるが、解決方法が見つからない。宇宙のことだったら、人間関係のように気を使わずに一人で考えていられるんだが。時々、人を殺す夢を見ることがあるが、現実にキレたらそうなるのか」。

#76－#78（8月〜10月）　E君「現実の人間関係をあまり連想しなくて済むから、宇宙やファミコンに熱中していることがわかった。人は何を目的として生まれてくるのか」。

＃79―＃80（11月～12月）　E君、11月に車の免許取得。E君「免許が取れて少し自分に自信がもてるようになった。免許なんて今は誰でももっている時代だけど、『自分が取ったんだぞ』と思うと嬉しい。運転している最中は他の雑念がとぶ」。Co＜お父さん、お母さんは？＞。E君「そうですね。学校に戻れるようになることは諦めているみたいだから、『ブラブラしているより何かやっているのがいい』って。『おまえの人生なんだから、好きなように生きろ』って親父は言ってくれますし、お袋の方はまだ納得できないようだけど……」。

この1年間、父母からCoへの電話はほとんどなかったが、12月になって久しぶりに電話があり、父母「Eが学校に行けないことは今は全然こだわっていません。それよりもEが自ら決意し動き出してくれたことが嬉しいし、そのことをEに伝えている」と語った。

なおE君はどうにかこれからは一人でやっていけそうなので来年はわざわざ家に来てくれなくても、月1回くらい電話で話す程度で良いと言う。CoはE君の申し出を肯定的な動きであると判断して承諾する。本来なら、この辺りからE君に相談室来談を勧めてもよかったのだが、この当時Coが勤務していた相談室は学校の研修施設の中にあり、E君を無理に誘うのはマイナスと判断した。

[第4期]　＃81―＃94（X＋3年1月～X＋4年2月）
　　　…E君の新しい生き方の発見（月1回程度の電話によるフォローアップ）

第4期は月1回程度、E君と電話で話していった。大半は世間話やお互いの近況報告で終始したが、その中で時々、E君の心境の変化を窺わせる言葉があった。また、その時のE君の話し方は、張りのある声で生き生きした感

じが十分に伝わってくるものであった。

#81-#83（1月～3月）　E君「以前は学歴社会があるのは人の世だけだと思っていたし、純粋に生きるだけだったら、金や勉強は必要ないと思っていた。でも最近、良い人、良い就職、良い家庭といった固定的パターンは存在しないことに気がついた。それらは自分が発見したり、つくりあげるものだと思うようになったので、その過程で必要ならお金も稼ごうと思うし、勉強もしなければならないだろうと思います」。

#84-#86（4月～6月）　E君「以前は自分も含めた人の欲望に非情な嫌悪感を感じていた。特に結婚して子どもをつくるなんて自分には信じられなかった。しかし、今は自分という人間と異性の誰かが融合したら、どんな人間が誕生するかを考えます」。

#87-#89（7月～9月）　E君「獣医になりたいと思い始めた。前から漠然と考えてはいたが、やっぱり自分は動物が好きですし、それなりに将来の目標ももたなきゃならないから。動物を食べるのは今でも嫌だ。人付きあいもあい変らず苦手。だから動物相手の仕事をしたい。こんな考えおかしいですか？」。Co＜菜食を貫こうとするのは必ずしも対人関係拒否という意味だけではないし、獣医になりたいという点の方を重視した方が良いのではないかな＞と答える。

#90-#92（10月～12月）　E君から「どうしたら高校卒の資格が取れ、大学の獣医学部の受験資格ができるか」という質問の電話。Coは大学入学資格検定（略称：大検）その他、さまざまに大学受験資格が得られる方法があることを紹介した。E君は家の近所にある大学の獣医学部を受験してみた

いと夢を語る。

＃93―＃94（1月～2月）　E君「大検の受験準備はあまり進んでいないが、自分なりに着実に勉強していこうと思っている。それと並行して鳶のアルバイトを始め、順調に勉強のための資金を稼いでいる。先生（Co）、長い間、僕につきあってくれてありがとう」。Co＜こちらこそ。E君とつきあうことができて、教育相談という仕事に一層、意欲が出てきた＞。このように話して、ここまでにE君自身によってなされたことの大きさを振り返りつつ、今後も大変な事もあろうが、E君自身の力によって乗り越えていけるのではないかと思い、もちろんいつでもCoに相談したい時は相談してもらうことを確認して、全面接を終了することを二人で決めた。

その後のE君は、定期的にはがきや手紙で、Coに近況を知らせてくれている。非常に遅々とした歩みなのだが、獣医への夢を捨てず、それへのアプローチを現在でも続けている。一方、Coは、この時のE君とのかかわりを胸の奥に抱きながら、別の土地でカウンセリング活動を続けている。

## ［3］ 考　　察

私立中学への不本意入学などによって、E君の内面に蓄積されたのは、自分の意に反して事が進められていく「させられ感」であり、それはE君の中に「俺は何をやってもどうせだめだ」という否定的自己像を生み出していた。それを一気に肯定的自己像に転化させるため、専門学校（高等課程）で心機一転やり直そうとするが、その極端さにより、朝の腹痛が起こり、2～3日登校しただけで、その後、ずっと家に引きこもるようになった。

このような事はE君の内面に過剰な葛藤を引き起こし続けていたと思われ、それを鎮静化させるために強迫的な手洗い行動、1日に何度も浴びるシャワーがあり、睡眠覚醒リズムを昼夜逆転させていたように思われる。家に引きこもれば、当然、家族以外の人と接する機会が極端に減り、そこに「肉嫌い」に象徴される人間への不信感、人とかかわりをもちたくないというE君の心境が加えられると、ごくたまに外出する時も、他者から見られる事を嫌悪する「視線恐怖」に襲われていた。また家に引きこもっている時間が長くなるにつれ、E君自身の「自分は今どうありたいのか、どう生きたいのか」といったことが意識から遠のき、その苦悩から逃れるかのごとく、代償的にファミコン等に過度に熱中していた。

一方、面接が開始されると、E君の内面に「自分を理解してほしいのに理解されない」「人とかかわりたいがかかわれない」「自分らしく生活していきたいができない」という潜在化された意識があるように感じられた。このようなE君の姿は、どうにかその状況から抜け出したいが抜け出せず、力尽き、引きこもっている自縄自縛の状態であった。この状態はE君にとって前にも後ろにもいけない「限界状況（Grenzsituation）」（Jaspers, 1954）であったかもしれない。

このような限界状況の特徴について、心理学者の黒田（1954）は「絶対的な行きづまり、ジレンマ、二進も三進もゆかなくなる、万策つきはてる、苦しみの極、絶体絶命、二律背反などの場合において、人は理想へ（例、崇高な犠牲、神の追及など）しからずんば堕落へ（例、悪事、感覚的快楽など）へ強い力をもって引きつけられる」(pp.129-130) と述べている。そして、神谷（1980, p.236）では自身の体験から、このような「限界状況」といった「どん底体験」から変革体験が起こると述べている。

しかしながら、本事例の場合の「変革体験」とは、以上のことも含むが、以下に述べるようなカウンセリングにおけるE君とCoの「人格的交わり」

によってお互いが変容していくきっかけになっていった体験を主として指す。
　ところで第2期の初めにCoは過敏性腸症候群に罹り、Coの方が、あたかも2か月間「引きこもっている」ような状態が続いた。これはCoにとってE君の「引きこもり」を自分自身が身体レベルで体験しているようだった。Coが患者として治療の対象となり苦しい日々を送った事、それに対して精一杯の共感を寄せてくれたE君の姿から、その後、E君に対して「さらに了解的にゆっくりとアプローチしていこう」と心から思えるようになった。
　カウンセリングにおいては、カウンセラーがクライエントを客体化し、自分とは切り離した存在としてかかわる時、その二者の間に共感しあう関係、ひいては了解しあう関係が生まれようも無い。カウンセリングの場においては、クライエントとカウンセラーは相互に主体（Subjekt）なのであり、お互いの主観（Subjekt）を開示しあいながら、その世界を共有していこうとすることが、了解しあう関係へと向かう道なのである。
　つまり「了解する」という行為は、間主体あるいは間主観（Intersubjekt）的な現象の中で、「了解しようとする者」と「了解される者」が相互に交替していく認識のあり方（Pauleikhoff, B., 1952）なのであって、したがって、本事例の場合も同様だが、カウンセリングの場においても、クライエントのみならず、カウンセラー自身のあり方についても問題とされるべきなのである。
　第1期にCoは自己の体験を、慎重にだが率直にE君に開示していった。これはただ自己の客観的な体験事実を語ったのではなく、それへの思い、感情を伴った主観的事実として語ったのである。そのことにより、E君も#43に自らの思い・主観を、感情を伴った形で、Coに開示している。E君とCoの主観が接近したのである。
　その後、第2期の#45-#50では訪問面接を再開し、Coの病気をめぐって

話が進み、さらに＃51－＃55ではＥ君の方から言い出し、Coの勤務先からさほど遠くない駅の近くの喫茶店で面接をした。あたかもCoの身体を気づかってくれてＥ君の方からCoの方へ「訪問」してくれているような感じだった。しかし、Ｅ君が外で会うのが苦痛そうだったので、Ｅ君と話しあった後、＃56から再び訪問面接の形に戻す。

そこからＥ君が得意な「将棋」をCoが生徒になって習っていくことを始める。それまでのCo（心理援助者＝主体）・Ｅ君（クライエント＝客体）という関係が逆転して、Ｅ君（将棋の先生＝主体）・Co（将棋を習っている人＝客体）という関係になった。そして将棋を面接の媒介として用いることによってＥ君自身の守りが確保されながら、Coとある距離をもって相互主体的対人関係を結べるようになっていった。

さらにＥ君は以前と比べて格段に多く自分のこと（主観的事実）を感情を交えて語るようになり、それをCoが了解的姿勢で心から耳を傾けて聴いていくと、Ｅ君自身の主体的力によって、次第に過去のできごとや両親との関係への意味づけを変化させ、ひいては「させられ感」が減少している。さらに現実生活においてもＥ君は週１回の中国語サークルに主体的に通い出したり、外へ出た時の視線恐怖も緩和している。

第２期の終わりから第３期の初回（＃66－＃69）では、Ｅ君の夢が連続的に語られたが、それはあたかもＥ君の今までと、これからを予見させるような内容であった。つまり「適度な依存を残しながらの親からの心理的自立」「内的な女性性を殺さずに遂げようとする男性性の獲得」などの内的な意味が潜んでいるような感じだった。

また第３期では、Ｅ君の肉嫌い（菜食）をめぐって、さらに「自分とは人間とは」「人とのかかわり」「視線恐怖」「宇宙への興味」などのトピックが、Ｅ君の「引きこもらざるをえなかった状況」の象徴的表現として非常にうまく一つのドラマとして織りあっていた。

その間、ドラマの主人公であるＥ君の動きを妨げないようにCoはその場を設定するだけの者としてドラマの背景に退くことによって、Ｅ君のドラマを共感的に追体験しようとする「了解する人」の立場を貫いたつもりである。

　そしてＥ君自身が日常の時空間を超えて自らの内的世界と向きあい、自らのドラマを生きることに深く関与することによって、内的成熟の過程を歩んでいる。それと並行して生活リズムが夜型から朝型になり外出の範囲も広がり、車の免許取得により適度な有能感を再確認している。このようなことはさらに外界に挑戦していく勇気をＥ君に与えていった。

　ところでカウンセリングにおけるドラマと「変革体験」とは、どのような関係になるだろうか。宗教的神秘体験であれば、それが体験される場は神との合一により「聖なる色彩」を帯び、「俗なる日常」は入り込めない。

　しかしカウンセリングにおいてClによって語られたり、表現される事は、言わば「聖と俗」が織り混ざったものである。それは例えば「日常性（俗）と非日常性（聖）」「合理性（俗）と非合理性（聖）」「相対性（俗）と絶対性（聖）」「自然（俗）と超自然（聖）」「現実（俗）と非現実（聖）」「意識（俗）と無意識（聖）」「過去（聖）と現在（俗）と未来（聖）」「外界（俗）と内界（聖）」「此岸（俗）と彼岸（聖）」「現世（俗）と来世（聖）」そして「客観（俗）と主観（聖）」「客体（俗）と主体（聖）」といった対立するものの混合物である。

　したがって、そのドラマに過度に引き込まれてしまうのも危険であり、現実に戻ってくるプロセスが必要であった。それが第４期の面接であり、電話で月１回、１年あまりにわたって続けられた。

　またCo側から第３期を考察すると、第２期の初めに自らも「引きこもり」を体験したCoは、Ｅ君と過剰に「同一化」(identification)してしまう危険性を孕みながらも、どうにかある程度の距離をもちつつ、Ｅ君との間に共感し

あう関係・了解しあう関係・お互いが主体として主観と主観を関与させる関係を築いていった。したがってE君の「ドラマ」が開始されると、その「ドラマ」の背景に退くことが可能だったわけであり、それはCoにとっての「カウンセラーとしての変革体験」であったかもしれない。

このような経過から考えられるのは、カウンセリング・プロセスにおける「聖と俗」（主観と客観・主体と客体）が混沌としていたドラマから、一つのある程度秩序だった（主体的）パーソナリティ（の中心構造の変容）がE君に現出して、現実生活においても、その生活に「ふくらみ」や「張り」ひいては生きがいの萌芽がE君に生じていることである。

E君は面接当初では「人嫌い」を表明し、人間拒否的な態度であった。しかしE君自身で他者との関係性の基礎である両親との関係に主体的に自ら再接近することによって「人付きあいは苦手」という程の意識となった。さらに面接の後半では、中国語サークルの人々のような自分を理解してくれようとする人々とは、ある程度、相互主体的関係をもてるようになり、そこに自分の居場所を見出している。E君の対人関係の領域が、家族から家族以外の他者にまで広がったのである。これはいわば外的世界との関係の立て直しへ始動し始めたE君のあり方を示すものであった。

実際、Coとの面接が深まるにつれ、E君は自分も他者も徐々に肯定できるようになり、E君は自分なりに自分という存在に目覚め、主体的に新しい生き方を模索し始めた。それは6年間もの長い引きこもりの日々を経て、E君自身で摑み取った「自分の生きる目標」であった。面接の終盤ではE君は獣医になりたいので、そのために大学入学資格検定を受け、大学の獣医学部に進学したいと語った。

そのE君の意志は現在でも継続している。これは面接中に語られた「肉嫌い」から「人嫌い」の延長としての消極的意味ではなく、主体的積極的意味合いを帯びて、獣医を志望することが、真の生きる目標になっているのだと

思われる。

**【第Ⅲ部（事例3）文献】**

Jaspers,K.（1954）*Psychologie der Weltanschauungen,*（viert Auflage）Berlin, Göttingen, Heidelberg：Springer-Verlag.

神谷美恵子（1980）『生きがいについて』みすず書房。

黒田正典（1954）『心の衛生――精神生活の了解とその衛生』協同出版。

Pauleikhoff,B.（1952）"Eine Revision der Begriffe "Verstehen" und "Erklären"" *Archiv für Psychiatrie und Zeitschrift Neurologie*, 189, 355-372.

● 事例 4 ●

# アパシー状態にあった専門学校生との面接過程

## ［1］ 事例の概要

**クライエント**：B君・18歳・男子・専門学校生（高等課程）3年
　　　　　　　（以下、Clと略記することもある）。
**主　　訴**：アパシー・不登校・偏頭痛
**家族構成**：両親（父＝48歳、母＝48歳）・父方の祖父母（祖父＝76歳、祖母＝70歳）・妹（13歳）・本人（B君）の六人家族。

　父親は某大学医学部卒の内科医で、ある町で開業している。父は医師としては極めて有能な人であり、患者や地域の人からの評判も良いのだが、家庭内ではB君や妹との交流の機会が少なく、子育ては母に任せっぱなしである。祖父、父とも医師のため、父はB君にも医師の道を歩ませたいと期待をかけている。B君にとって父は「立派だけの一言」というイメージである。

　母親は専業主婦である。母はB君の幼少期には優しくて躾も緩やかであったが、B君が中学に入った頃より、「Bを医者にするのだ」という父親や祖母からのプレッシャーで、時として極端にB君を責める様に叱ることもあったという。また母から見ると、祖父母は思いっきりB君を「猫かわいがり」しているという。

また妹は中学生であるが、学業優秀で、両親は、むしろこの妹とB君が入れ替わってくれていたら、医院の後継ぎにするのだが、と思っている。妹の方は、B君を「お兄ちゃん、お兄ちゃん」と慕い、とても仲の良い兄妹である。B君も、そんな妹だけには心を許していて、自分のことを色々語っている。

**生育史・問題歴**（母親のインテークなどから）：B君は小学校時代は病気をしない限り、ほとんど元気に通学しており、成績も中の上くらいであった。特に上級生になると、学校行事（運動会など）のリーダー的存在になり、生き生きとした子どもであった。しかしその反面、クラスの友人に学級の規則を無理に守らせようとして反感を買い、逆にいじめ（無視・言葉による暴力・殴られたり）にあってしまうこともあった。

中学校に入り、2年生になると、つきあっていた友達と非行を繰り返す様になった。それらの友達は小学校が同じだった同年齢の人達7名であり、中学では別々になっていたが、家がそれぞれ近所のため、放課後や休みの時に一緒に行動しているグループであった。B君は、そのグループでは使い走りのようなことをさせられていて、万引き・喫煙・飲酒なども、当初はそのグループから強要されて行っていたようであった。ただし暫く経つとB君自らの意志で非行を繰り返す様になった。非行はだんだんエスカレートしていき頻繁に同じ地域の他の少年グループとケンカをする様になっていった。これには強要されていたわけではなかったが、B君も常に加わっていた。この様なB君の姿に中学1年時の担任教師や両親は驚かされた。これが中学卒業まで続く。

高校は公立の普通科（進学校）に無事入学するが、高校1年から大学進学準備の受験勉強を強いられ、それに反発して、中学時

代の友人達と再び遊び始める。その頃から段々、夜遊びが多くなり、次第に朝、起きられなくなり、出席不良のため、学校側から留年が言い渡された。その高校は1年の年度末に自主退学する。そして、ある専門学校（大学入学資格付与校）の高等課程2年次に編入する。しかし、そこには最初の2～3日行っただけで、後は不登校状態であった。昼夜逆転の生活が続いていたため、朝起きられなくてズルズルと学校を休む様になったのだが、朝キチンと目覚めた時も、母親から登校を促されると、偏頭痛を訴える様になり、蒼くなって再びふとんに戻ってしまう状態であった。これは編入当初から続いている。一方、B君は昼間の時間になると、朝が嘘の様に元気になり、外出し深夜まで戻ってこない生活を続けていた。夜、帰宅するまで、高校を中退した中学時代の友人とビリヤードをやったり、酒を飲んだり、バイクを乗り回したりして過ごしていた。B君は「どうせ俺は頭が悪くて勉強ができないから、学校へ行っても仕方がない」と言っていた。またB君には非行や遊びを一緒にする「ただの友達」は大勢いたが、「親友」と呼べるような友人がなかった。このような状態では専門学校も卒業が危ういし、ましてや大学医学部進学など望めないと、両親は担任教師に相談し、その担任教師の紹介で筆者が勤務していた心理・教育相談室を知り、母親がB君を相談室に無理やり連れてきた。

## ［2］ 面接経過

　クライエントのB君とカウンセラー（以下、Coと略）の面接は、X年10月31日からX＋2年2月25日まで、約1年4か月にわたり、46回行われた。その内、面接第1回～第41回（X年10月31日～X＋1年10月22日）は、週1回1時間のペース、続く面接第42回～第46回（X＋1年10月29日～X＋2年2月25日）は、月1回1時間のペースで面接が行われた。また、B君の母親との面接は月1回1時間、ベテランの女性相談員が担当した。ここではB君とのカウンセリング過程を中心に全体を4期に分けて報告する。なお、＃は面接の回数である。

［第1期］　＃1―＃5（X年10月31日～11月28日）　　　　　…沈黙

　＃1（10／31）　定刻になり待合室を覗くと、背を曲げ腕組みをして下を向いて座っているB君がいた。「今日は、どうぞ」とCoが面接室に促すと、それには何も答えず、Coの後ろを少し離れてついてきた。B君は面接室に入ってもボーと立っているだけなので、まずCoが椅子に座り、B君に座ることを促すと、Coとは90度の位置に座る。B君は椅子に深く腰かけたが、体の力が抜けているので、あたかも操り人形が椅子に座らされているかのように見える。その後、B君は一言も発せず、初回面接は終わった。その間、CoはB君と視線をあわせ、会話のきっかけをつかもうとしたが、その度にB君は視線をはずした。どうにかB君とコンタクトをとろうとCoは内心、必死で方策を探ったが、それが却って二人の沈黙を深めた。終了時間となって、Coが「時間になったんだけど」と言うと、B君は無言で部屋を出てい

った。Coは、その後ろ姿を見て、果たしてB君は次回の面接に来るだろうかと非常に不安にかられた（初回のみB君は母親に面接室に連れてこられた。2回目以降は一人で来るようになった）。

＃2（11／7）　Coの心配をよそに、定刻通りB君は面接室を訪れた。今回は椅子を勧めなくても自分で＃1と同じ位置に座る。Coも＃1に座ったように90度の位置に座る。あい変わらずB君は視線をあわせないが、＃1とくらべて、足を広げて膝の上に両手をのせて少し肩をいからせるように座っていた。視線はどこか一点を見つめているようであり、眼球の動きはほとんどなく、意識的なのかまばたきも少ない。全体に体を固くし、緊張している様子。CoもB君と同じような姿勢を取り、体を固くし、B君は今どんな心境なのだろうか、必死になって考えた。B君の方から口を開くことはなく、沈黙が続いて第2回も終了した。しかし、帰りぎわ、Coが「それじゃ、さよなら」と言うと、B君も「さ…」と答え、「さよなら」と言おうとしたことがわかった。

＃3（11／14）　定刻通りB君は面接室を訪れた。＃2と同様に沈黙が続いたが、Coとの椅子の位置が少し近づいてきた。Coが目を向けると、時々は目をあわせるようになった。座り方は＃2と同様にB君・Coとも体を固くしていたが、CoがB君に悟られない位の速さで、徐々に体の力を抜き、足を段々と前に出し、背もたれに寄りかかっていくと、B君の方も少しだけ体の力が抜けてリラックスした姿勢になる。固く結ばれていた口元も少しずつ軽く開かれていき、体が凝っているのか、首を曲げたり、手を動かしたりし始めた。ただしB君は口はきかなかった。帰りぎわ、Coが「それじゃ、さよなら。またね」と言うと、この回は小さな声だが、はっきり「さよなら。また」と、Coの顔は見ずに答えた。

＃4 （11／21） 待合室にいたB君に「今日は。よく来たね」と声をかけると、「こんにちは」と初めて答えてくれる。面接はあい変わらず沈黙が続いたが、以前よりはリラックスした姿勢で、Coと対面して座り、面接室に何があるのかを見渡していた。あまり長時間、対面しているのもB君にとって再び緊張を高めてしまうのではという配慮から、Coは「お茶でも飲む？」と声をかけると、B君は少しニコッとして「はい」と答える。コーヒーをいれてB君の前に置くと、目尻を下げ、ニコッとしながら「僕、コーヒーが好きなんです。香りがいいですね」と言い、ミルクも砂糖も入れずに一気に飲みほした。Coが「君はコーヒーが好きなの？」と聞くと、B君は黙って頷いた。少し体の力が抜けて体全体が開かれたようであった。しかし、その後は緊張した雰囲気はなかったが、沈黙は続いた。

＃5 （11／28） B君が来室する前に、Coはコーヒーをいれておき、B君が入室すると、すぐ「どうぞ」と言ってB君にコーヒーを勧めた。B君は「ありがとう」と言って、すぐ飲み始める。Coも一緒に飲みながら、何気なく「ここに来て、いつも黙っているの却って辛くない？」と聞くと、コーヒーを少しプッと吹き出しながらB君は大声を出して笑い始めた。そしてCoに向かって「先生だって黙っているじゃないか。僕だけじゃないですよ」と真顔で言った。Coが「それもそうだね」と続けて言うと、B君・Coともにしばらく心の底から笑った。ひとしきり笑い終えるとB君は「実は無理やり、お袋に（相談室に）行こうと言われ、何で僕はおかしくないのに行かなきゃならないのかと思って、今まで黙っていたんです」と自ら語り始めた。続けてB君は「でも来てみたら、無理に話をさせられるわけじゃないし、先生も黙っているから、変な人だなあと思って、少し興味が出てきて通ってきたんです」と矢継ぎ早にしゃべり続けた。Coが「相談室はおかしい人が来るところだと思った？」と尋ねると、B君は「そうだなあ。心理なんとかって言

うんでしょ。これって」と答えた。「カウンセリングのこと？」とCoが聞くと、B君は「そうそう、それ」と言う。カウンセリングは必ずしも心理的な問題がある人ばかりが受けるものではないとCoが説明すると、B君は「僕が来てもいいんですね」と聞く。Coが「もちろん、二人で色々今後のことを考えていこう」と言うと、B君は少し曖昧に「エエ」と頷いた。帰りぎわB君の方から「さようなら。また。次も同じ時間でいいんですよね」と言って帰って行った。帰って行くB君の後ろ姿を見ていると、以前より少し猫背が直っているような感じで、スタスタと足早に駅の方へ向かっていた。

[第2期]　＃6－＃20（X年12月5日～X＋1年4月16日）　　…再登校へ

　第2期は面接の媒介に「将棋」を用いた。これは面接に何らかの媒介物を使用することによって、Clが自分のことをより表現しやすくなる面接の環境作りをしたかったからである。また第2期の当初（#6=12/5－#9=1/23）では、面接中、将棋の指南をB君からCoが受けるという関係だったが、面接の回数が進むにつれ、だんだんと将棋をやっている時間は短くなり、B君が自分のことを語る時間が多くなった。その内容は、父母がB君を医者にしたいと思っていること（#13=2/20）、朝、母に「学校へ行け」と言われると偏頭痛が起こること（#14=2/27）、将来はコックになりたいと思っていること（#15=3/5）などであった。
　そのような話が進んでいく過程で、#14では、B君の話しをさらに促すつもりで言ったCoの「もしかして、次に僕が言う言葉が何か気になってる？」という言葉にB君は強く反発した。これはおそらく「アパシー」という彼自身の問題の中核にかかわるような話しが続いていたところに、さらにCoの「促し」が入ったためだと思われた。そして、B君に「自身のこと」を語らせようとし始めたCoの態度に「大きなお世話。自分の事は自分で考えられる」

と嫌悪感を露にする。しかし#15では、B君の方から#14のことを謝った。結果的には、この出来事によってB君が強く率直に自分の感情をCoに表明したことは、以下に報告するようにさらにB君自身が「自身のこと」を深く考えていく転換点になった。

#16（3/12）では、B君は目標にしているバイト先のPさん（大学生、将来の目標である「一級建築士」を目指して頑張っている人）の様になりたいと語る。そして、そうなるためには「学校にもしっかり行かなければならない」ということはB君も頭ではわかっているようにCoは感じた。しかし、それは面接でB君の言葉としては表現されず、#17（3/26）のB君は「学校に行くことを考えると頭が痛くなる」と語り、その葛藤のためにB君は面接中に「うーん、うーん。生きるのは辛い」と唸るだけであった。この後、B君の意志はあまり聞かれないままに、父母が学校に赴き、B君の卒業を目的とした特別補習の手続きをとってしまう。しかし、それに対するB君の反発は背景に隠れ、潜在的に「学校に行こう」と思っていた心がB君に浮かび上がり、B君自ら「再登校」することを決意する。ただし、この時に父母によって一方的に「再登校」することを決められたことは「しこり」としてB君に残り、この後、#20（4/16）以降のB君の不安定な学校への出席状況（1日登校して1日休むという状況）として表面化した。

[第3期]　#21-#33（X＋1年4月23日〜7月13日）
　　　　　　　　　　　　　　　　　…B君、自己を語り表現する

#21（4/23）で、Coが最近一番いやだったことをB君に尋ねると、父母にガミガミ「学校に行け」と言われることだと述べた。そのイメージをB君に尋ねると、「鬼のような顔で、父母が自分に迫ってきて、動物のような声を

上げているような感じ」だという。また最近一番楽しかったことを尋ねると、「アルバイトで料理をつくること」（この前年からB君はレストランでの夜のアルバイトを続けていた）」と「オートバイに乗ること」だと答えた。そのイメージをB君に尋ねると、オートバイに関して「(排気量の大きなものに乗っているので)暴れ馬に乗っているようで、必死に振り落とされないようにしている感じ」だと言う。この回の面接ではイメージ療法を用いて、視覚イメージ（例：鬼のような父母の顔）のみならず、聴覚イメージ（例：動物のような父母の声）や触運動感覚イメージ（例：振り落とされないようにバイクに乗っている感じ）まで、B君の感覚イメージ体験を広げることを試みた。これは、後の面接における本格的な a.視覚イメージ想起→b.聴覚イメージ想起→c.触運動感覚イメージ想起というように感覚イメージの強度によって段階的にワークを構成していくことの「導入」として行った。

＃22（4／30）＃23（5／7）では、B君は後輩がバイク事故で死亡したことのショックで「俺もこのままバイクに乗っていると同じ運命かもしれない」と語り、かなり混乱した状態であった。それに対してCoは徹底してB君の混乱した気持ちに焦点を当てると同時に、自分の気持ちを率直にB君に表明した。それは「せっかく知りあったB君に死んでもらいたくない」という気持ちであり、それをそのままB君に訴えた。そしてB君の「俺の命は俺のもの。先生にとやかく言われたくない」という言葉に対してCoが「本当に自分の命は自分だけのものと言えるのだろうか」と答えたところから、B君・Coともに大きな声で口論に近い面接になった。このことでB君とのカウンセリング関係が崩れてしまう危険性も一方であったが、お互いの感情をストレートに出しあうことによって、却ってB君とCoの心理的な距離が縮まったような印象もあった。そして＃23では、B君は死んだ後輩の分まで頑張って学校に行くことをCoに表明した。その言葉通り、この後、B君は、ほぼ

毎日学校に通うようになった。

＃24（5/14）＃25（5/21）では、B君に a.視覚イメージを想起してもらい、そのイメージ（朝、父母が怒って、「学校へ行け」と言っているところ）を色彩を暗くしたり、枠を付けたり、その枠を小さくしたり、カラー映像は白黒に変えたりしてもらった。それによって、その映像のイメージが、どう変わったかをB君に尋ねると、「何か他人事みたいで、僕には関係ないって感じになった」と答えた。そして、現実場面（学校へ行くことを父母から促されるB君の現実生活の場面）におけるB君の不安や緊張も徐々に低減されていった。

＃26（5/28）では、b.聴覚イメージの想起をB君と行った。B君の「耳障りな大きな声で父母が『学校に行け』と言っている」イメージを、その音源を遠くしたり、口調を遅くしたり、小さくしたりした。その結果、その聴覚イメージが「あまり気にならなくなった」という感想をB君はもった。また、そのワークでB君自身が両親に「俺は今から用意して学校に行こうと思っている」とイメージの中で言い返す。

この後、＃28（6/11）では、現実の生活の中で、親から「学校に行け」と言われた時に、B君は「今から用意して行くから」と答えることができたことがCoに報告され、B君の朝方の偏頭痛の問題も、徐々に、この後、低減していった。また、この回はイメージの中でB君が親と握手するワークを行う。当初、思春期の男子らしく、イメージの中であっても両親と手をつなぐことに照れを見せたB君だったが、後には「いやな感触でもない」と語った。この時、B君の c.触運動感覚を通じて両親と結びつくイメージの想起は、現実生活におけるB君と両親の関係の改善につながっていくのでは、とCoは期待をもった。

#29（6／18）では、B君は朝、両親から何も言われなくなり、偏頭痛が起きなくなったのは良いのだが、頭がフワフワ浮いていて、つま先立ちでいるような感じが出てきたと言う。これに対して、フワフワ浮いているという触運動感覚を通常の状態に戻すべく、「自分の体重を感じながら、しっかり床に足をつけて歩く」というワークをCoも一緒に試み、このことに関するB君の感覚は通常に戻った。

#30（6／25）では、面接室に常時置いてある箱庭にB君が興味をもち、Co側もB君のイメージ体験を触運動感覚（例：砂を触って作品をつくる）まで深めていくのに有効ではないかと考え、箱庭を導入している。その箱庭によって表現されたイメージは「五重塔に突っ込んできた飛行機を肩に担いで片づけようとしている悪者風の怪獣を監視しているウルトラマン」というものであった。その作品をB君とCoが共に味わうように眺めていると、Coには悪役風の怪獣はB君の「自信のない自分」あるいは「否定的自己像」に対応しているようであり、それを監視するウルトラマンはB君の「自信のある自分」あるいは「肯定的自己像」に対応しているように思われた。

#31（7／2）では、B君は日常生活の中で勃起してはいけない時（例：電車の中・授業中など）にペニスが勃起してしまうことを述べ、#32（7／9）では、ペニスの勃起と子どもの頃の母のイメージが重なることをCoに報告した。B君は面接の中で、公園で母の背中におんぶされ、背中を通して母との一体感を味わっている過去の出来事をイメージ想起した。この体験により、B君は、ペニスの勃起と母との一体感を結びつける「近親相姦イメージ」を払拭した。この後、B君は日常生活において適切でない場で勃起してしまうことはなくなった。また「近親相姦イメージ」については面接であえて「言語化」していかなくても、B君の中で収められていった。

＃33（7/13）にはB君は再び箱庭をつくっている。B君は非常に熱心に隆起した山をつくり、上から水をまき、パンパンと音を立てて叩いて、固い山にしていった。砂のみの箱庭作品であった。このB君の箱庭表現から、Coは、この山は「男性象徴」の様でもあるし、精神的に孤立したB君の心境である様にも思えた。また、そのような解釈よりも、B君の感覚イメージが箱庭制作を通じて、視覚イメージのみならず、砂をさわりパンパンといくども叩くといった様に聴覚・触運動感覚にまで広がって総合的な感覚イメージになっていた点にCoは注目していた。つまり、a.視覚イメージ・b.聴覚イメージ・c.触運動感覚イメージを統合したワークとして、この回の箱庭は機能していた。

[第4期] ＃34—＃46（X＋1年9月3日〜X＋2年2月25日）
　　　　　…「自信のない自分」と「自信のある自分」の統合に向けて
　　　　　　　（否定的自己像）　　（肯定的自己像）

第3期までに、朝方の偏頭痛の緩和・消失、安定した学校への出席が獲得されていったB君だったが、夏休み後の＃35（9/10）では「何か生活に張りがない。学校にもレストランのバイトにも」と述べた。＃36（9/17）では、B君は「二重人格」という表現で、自らの内界にある分割された自己像を語った。彼の言う二重人格とは「自分（B君）の心の中から、二つの魂が飛び出して、自分の近くをフラフラ飛んでいる。生きているか死んでいるかわからないような」イメージであった。つまり二つの魂とは、これまでの面接の流れから考えると、不登校イメージに代表されるようなB君の「自信のない自分」（過剰な否定的自己像）、およびアルバイトやバイクで本来の自分以上の有能感が感じられる「自信のある自分」（過剰な肯定的自己像）と対応していた。この二つの自己像が「魂」となり、B君の周囲を飛んでいるイメージになっていたのである。

なお、この回の面接ではB君だけでなくCo側も魂が体から抜けてフラフラしていたような体験、つまりCoの大学時代のアパシーや対人恐怖の体験を語った。これはB君が開示している自己イメージが、単にB君自身の表現にとどまらず、B君―Co間の人格的相互交流の接点となることを意図して行ったものである。その結果、第1に、B君がCoの話しを共感的によく聴いてくれたことにより、B君とCoの心理的距離がさらに縮まった。第2に、Coの自己開示が一つのモデルとなり、その後のB君のイメージ想起がよりスムースになった。それにより、第3に、B君自身が自分が開示したイメージに呑み込まれずに、自分のイメージとの間に適切な距離が採れるようになった。

以下、B君の「二つの魂」に、それぞれ「否定的自己像」「肯定的自己像」と命名して説明する。

#37（9/24）では、イメージ想起において「否定的自己像」はB君をぐるぐる回って発展性が無く、「肯定的自己像」はA君からどんどん遠ざかるイメージであった。Coは、B君の「肯定的自己像」の速度を遅くさせ、B君に自分に引きつける様に指示し、さらにイメージの中で右手でもつ様に言う。

#38（10/1）では「否定的な自己像」を自分（B君）の方に引きつけてもらい、左手で握る様に指示する。さらに「否定的自己像」「肯定的自己像」をくっつけたイメージを想い浮かべる様に指示するが、B君曰く「二つの団子を無理に一つにしたようなもの」になってしまう。#39（10/8）では「否定的自己像」「肯定的自己像」を一度グチャグチャにして一つにする。それをイメージの中でおなかの中におさめる様にB君に指示するが、B君が無理だというので、新たに口から食べることを指示する。「大きな正露丸を食べて

いる様だった」と語るB君に、Coは「その正露丸は君のおなかの中で溜まって未消化のままのものを消化させてウンコとして出てくる」という暗示を与える。#40（10/15）ではB君の現実の排泄も調子が良くなったばかりか、「否定的自己像」「肯定的自己像」つまり二つの魂をイメージ上で消化したB君自身から、新たな目標（今の学校を卒業して調理師学校へ行くこと）が語られた。

B君との面接は、B君と話しあい、専門学校卒業と進学準備のため、この後、月1回、5回（#42＝10/29－#46＝2/25）行い、徐々にB君と別れる様にしていき、翌年の2月に面接の終結を迎えた。その後のB君は専門学校を無事に卒業し、調理師学校に通う様になった。そのことをB君の父母とも温かい目で見守っていた。また日常生活についてもB君は自分の内面的なことについて着実に自分を見つめながら生きていく道を歩んでいる。現在は調理師の免許も取れ、ある町で生き生きと働きながら充実した日々を送っている。一方、以上のB君とのかかわりを通じてCo側には、縁あって出会ったかけがえのないクライエント一人一人と謙虚に、そして真摯にかかわりながら、自らの人生を真のカウンセラー（同行者）として「生きる」ということへの気づきがあった。

## ［3］ 考　察

以上の経過を踏まえ、以下、カウンセリング（教育相談）における「アウェアネス」（awareness：自己覚醒、気づき）の問題に焦点を当てて考察を行う。

## （1） アウェアネスと「沈黙」

面接第1期において、B君は沈黙を続けた。特に初回面接においては、視線すらB君とあわすことはできなかった。まず、考察の第1項においては、面接における沈黙という現象をアウェアネスという観点から考察してみたい。

臨床心理学者の霜山（1989）は「言葉とか、それによる対話の内には沈黙もふくむべきである。沈黙は……これもまた重要である対話の間（ま）の問題と共に……心理療法にとって、それなくしては心理療法が語れない存在である」(p.3)と言い切っている。クライエントの沈黙は、自身への内省を含みうるし、カウンセラーの沈黙は、クライエントの気持ちを受け容れ、それに添おうとする態度の現れだとすれば、沈黙はクライエント・カウンセラー双方が真にかかわり、アウェアネスの過程を歩む入口になる可能性がある。

本事例でも、カウンセラーはクライエントの非言語的行動（例：#2　B君、全体に体を固くし、緊張している様子）に自らの非言語的行動（例：#2　CoもB君と同じような姿勢を取り、体を固くし、B君は今どんな心境なのだろうか、必死になって考えた）をあわせながら、沈黙という体験を共有しようとしている。そして、徐々にB君の重い口が開かれていった。このような観点から考えていく時、いわゆるコミュニケーションとしての「沈黙」を想定できるのである。この点で、カウンセラーはクライエントと沈黙の空間を共有しながら、尚且つ、その沈黙の意味を考えていかなければならない。

カウンセラーがクライエントと沈黙を共有するという場合、カウンセラーはクライエントの沈黙の意味を考えるだけではなく、カウンセラー側の沈黙をクライエントがどのように受け取っているかについて、十分に耳を傾けなければならない。

本事例の場合、#5でB君の口が開かれた時、「実は無理やり、お袋に

（相談室に）行こうと言われ、何で僕はおかしくないのに行かなきゃならないのかと思って、今まで黙っていたんです」と自ら語り始めた。続けてB君は「でも来てみたら、無理に話をさせられるわけじゃないし、先生も黙っているから、変な人だなあと思って、少し興味が出てきて通ってきたんです」と矢継ぎ早にしゃべり続けた。つまり、カウンセラー側の沈黙が暗黙裡にクライエントの面接参入への動機づけとなっている。そして、クライエント・カウンセラー双方の第2期以降のアウェアネスの過程への参入のきっかけになっている。

　B君の立場に立てば、自分の問題性（課題）を、おぼろげながらでも自覚する間も与えられず、無理矢理、母親から相談室に連れてこられ、面接に対して「抵抗」がないわけがなかった。したがって、面接初期の沈黙は、B君にとって当然の帰結だったと思われる。これを「抵抗としての沈黙」と呼ぶこともできる。まさに面接初期のB君の沈黙は、この「抵抗としての沈黙」であった。そこには自身との対話（内省）も、カウンセラーとの「沈黙による対話」も成立していない。

　一方、面接が進むに連れ、言葉は発せられないものの、カウンセラーとの非言語的かかわり（例：リラックスして座る、視線があう、挨拶をするようになる等）によって、徐々に両者の心理的距離が縮まった。そして#5では、B君の沈黙は破られた。これは「コミュニケーションとしての沈黙」と呼ぶことができる。

　この「抵抗としての沈黙」と「コミュニケーションとしての沈黙」を座標軸の縦軸の両極に据えるとすれば、横軸には、「言葉を必要としない安らぎの体験」（西園，1988，p.152）として、「共にいる」というだけで満ち足りた静かな空間が面接室に広がるという次元が考えられる。

　このように考えてくると、クライエントの沈黙がカウンセラーの介入が必要な否定的なことではなく、アウェアネスの過程参入への通路となっている

ことがわかる。つまり、「クライエントの『沈黙』が無意味でないどころか、豊かな自己創造にとって欠かせない最重要な時間」(伊藤, 1998, p.42) である、と考えることもできるのである。

### (2) アウェアネスと「イメージ療法」

アウェアネスと関係するカウンセリング的かかわりの機能を筆者は、1.「つながり」(connection) の回復、2.「バランス」(balance, or harmony) の回復、3.「包括」(inclusion) という三つの側面から考えている。

第一の機能は「つながり」の回復である。この「つながり」とは、「自分自身とのつながり」「他者とのつながり」などを指す。この点についてB君の場合は次のように考えられる。面接第1期においてB君は沈黙を続けていたが、第2期には、B君はCoに「将棋」を教えながら、徐々に「自分のこと」を語り始めている。つまり、Coとのかかわりの中にB君は「自分」を見出し始め、再びB君は「自分自身」とつながり始めたのである。第3期には、B君にとって単に反発する対象に過ぎなかった父母に対して、その関係が変容し始めている。それは面接の「イメージ想起」の中で、朝、父母に起こされても、怒ることなく「今から学校へ行く」と言えるようになった頃（♯26）より生じている。

その頃より、現実生活の中でも、ある程度適切な距離をもって父母と関係をもてるようになり、朝方の「偏頭痛」も徐々に消失していった（特に♯28以降）。また♯22では後輩の「バイクでの事故死」という体験を通じて、B君は、その後輩の分まで頑張って学校に行くことを表明し、その言葉通り、これ以降、ほぼ毎日学校に通うようになっている。以上のようにB君は、他者ではあるが、人格的に接近した「かけがえのない他者」である人々との関係の中に「自分自身」を発見し始めており、これをB君の「自分自身とのつながりの回復」の萌芽と考えてよいだろう。

第二の機能は「バランス」の回復である。B君の場合は、自身の内界にあった否定的自己像と肯定的自己像のバランスをカウンセリング面接における「イメージ療法」をきっかけとして回復させることであった。B君自身の表現では否定的自己像と肯定的自己像は「二つの魂」と表現され、それらはイメージ上では「フラフラ自分の近くを飛んでいる」ということだった（♯36）。その後の面接（♯37－♯40）では、その二つの魂を左右の手で一つずつ握るイメージ想起から、二つの魂を一つにするイメージ、そしてそれをおなかの中に入れて消化するイメージまで進んだ。
　このことをきっかけに、B君の自己分割、つまり否定的自己像と肯定的自己像の分割を生じさせていた悪循環の連鎖が切られ、B君自身でアパシー状態を脱却した。それはB君のアパシーを引き起こしていたシステム全体が改編され、新たな否定的自己像・肯定自己像の関係が、B君の内界にも外的行動にも対人関係にも影響を与え、新たな生き方の方向がB君自身によって開かれたと言える。
　この場合のシステム全体の改編とは、悪循環の連鎖が、次のように改編されたことを指す。1．登校刺激を与えられなくても、朝、自分で起きられ、学校に登校するようになった。→2．否定的自己像はB君の中にある程度統合され、それに対する不安や葛藤を感じることが少なくなった。→3．不安や葛藤を身体症状として現すことが少なくなった。→4．比較的安定した登校状況。→5．身体症状が皆無になった。→6．生きる目標（調理師）へ向かってのアルバイト。→7．肯定的自己像と否定的自己像のバランスの回復。→8．肯定的自己像と否定的自己像のある程度の統合。また、このシステムの改編が、B君の情緒的安定、衝動的行動の減少、身体化症状の消失、両親・家族・友人・教師などとの共感的対人関係の復活、将来の目標ができたことなどにも影響を与えている。
　第三の機能は「包括」である。B君は面接や実際の生活を通じて心理的成

長を遂げ、他者との関係の中で再び自分自身とつながることに成功している。また面接における「イメージ療法」の体験をきっかけとして、その内界にあった否定的自己像と肯定的自己像の自己分割の状態から自ら脱却して、二者のバランスを回復させている。これらのことを通じて、実際問題の解決（不登校状態の改善、偏頭痛の消失、父母との関係の変容、「コックになること」という将来の目標ができ、それに対して着実に歩んでいけるようになったことなど、いわばアパシー状態からの脱却）が図られているのである。つまり、B君にとっての「問題解決」はCoとの人格的交わりを通じたカウンセリングをきっかけとして生じているのであり、別の表現をすれば「問題解決」はアウェアネスの過程、B君が善く生きることへの志向の過程の中に包摂（包括）されているのである。

---

**【第Ⅲ部（事例4）文献】**

伊藤隆二（1998）「情感を豊かにするコミュニケーション――『つながり』の覚知を中心に」『児童心理』52（3）、38－46頁。

西園昌久（1988）『精神分析治療の進歩』金剛出版。

霜山徳爾（1989）『素足の心理療法』みすず書房。

著者紹介

鶴田　一郎（つるた　いちろう）

1962年、福岡県福岡市に生まれる
放送大学 教養学部 人間の探究専攻 卒業、教養学士
放送大学 教養学部 発達と教育専攻 卒業、教養学士
東洋大学大学院 文学研究科 教育学専攻 修士課程 修了、教育学修士
名古屋大学大学院 教育発達科学研究科 心理発達科学専攻 博士後期課程 修了、博士（心理学）

学校法人東海学院 東海学院文化教養専門学校 講師
東海学院教育研究所 心理・教育相談室 相談員
東京都江戸川区教育研究所 葛西分室教育相談室 相談員（心理）を経て
現在 広島国際大学 人間環境学部 臨床心理学科 講師

［資　格］　臨床心理士、学校心理士、日本心理学会 認定心理士、日本カウンセリング学会認定カウンセラー、日本学生相談学会 大学カウンセラー、NPO日本教育カウンセラー協会 上級カウンセラー

［主な著書］
　共　著：『いのちに根ざす日本のシュタイナー教育』（せせらぎ出版）
　　　　　『ホリスティックな気づきと学び』（せせらぎ出版）
　　　　　『ホリスティック教育ガイドブック』（せせらぎ出版）
　　　　　『ピースフルな子どもたち』（せせらぎ出版）
　　　　　『失敗から学ぶ心理臨床』（星和書店）
　　　　　『心理療法を終えるとき』（北大路書房）

　単　著：『ADHDの臨床心理』（ブレーン出版）
　　　　　『看護に生かすカウンセリング』（ブレーン出版）
　　　　　『知的発達障害の心理・教育・福祉』（西日本法規出版）
　　　　　『間主観カウンセリング―生きがいの心理学』（西日本法規出版）

**児童・生徒支援のための教育相談入門**

2006年4月1日　初版第1刷発行

著　者　　鶴　田　一　郎
発行者　　登　坂　治　彦

・定価はカバーに表示　　　　印刷　メディカ／製本　川島製本

発行所　株式会社　**北 樹 出 版**
〒153-0061　東京都目黒区中目黒1-2-6
電話（03）3715-1525（代表）　FAX（03）5720-1488

© Ichirō Tsuruta 2006, Printed in Japan　　ISBN4-7793-0039-8
（落丁・乱丁の場合はお取り替えします）

| 伊藤美奈子 著 | 混迷している現代教育問題を教員・研究者・スクールカウンセラーと様々な立場から関わり続けてきた著者ならではの柔軟でバランスのとれた視点から捉え、開かれた連携、新たな教育の展望を具体的に示した好著。 |
|---|---|
| **思春期の心さがしと学びの現場**<br>スクールカウンセラーの実践を通して | 四六上製　148頁　1600円（778-3）　　[2000] |

| 平木典子・袰岩秀章　編著 | 臨床心理学の歴史を概観し、人格論と発達論から人間の変化についての基礎知識を要説。臨床実践での人間関係や援助の相互作用に重点をおき最新の理論と技法を紹介する高水準の「基礎」が身につく好著。 |
|---|---|
| **カウンセリングの基礎**<br>臨床の心理学を学ぶ | A5上製　222頁　2400円（606-X）　　[1997] |

| 平木典子・袰岩秀章　編著 | 心理学の基礎の上に実践知を統合するカウンセリングの訓練に不可欠な実習について、①カウンセラー自身の自己理解、②カウンセリング実践の現場理解という二つの面から読者が追体験しうるよう紹介。 |
|---|---|
| **カウンセリングの実習**<br>自分を知る、現場を知る | A5上製　220頁　2400円（668-X）　　[1998] |

| 平木典子・袰岩秀章　編著 | カウンセリングの基礎・実習を踏まえ、具体的に技法を見につけるために、面接の技法・アセスメントと記録の技法・家族や連携の技法等を紹介しながら、さらにその技法に結実した思想と理論を展開する。 |
|---|---|
| **カウンセリングの技法**<br>臨床の知を身につける | A5上製　222頁　2400円（822-4）　　[2001] |

| 田中富士夫　編著 | 理論的基盤の多元化、技法の多様化に加え、その活動領域の範囲が著しく拡大されてきた今日の臨床心理学の現状を俯瞰できるような基礎的テキストたることをめざした最新版。巻末に用語解説をも付す。 |
|---|---|
| **臨床心理学概説**［新版］ | A5上製　261頁　2500円（551-9）　　[1996] |

| 森谷寛之・竹松志乃　編著 | 臨床心理学の基本的知識を分かり易く丁寧に解説した入門書。臨床心理学の定義、歴史などの概説から、心理検査法や療法といった実務面の説明に至るまで、豊富な図表と具体的事例にもとづき平易に叙述。 |
|---|---|
| **はじめての臨床心理学** | A5上製　240頁　2500円（550-0）　　[1996] |

| 村尾泰弘　著 | 家族を知ることは個人を理解する上で必要不可欠であり、家族関係を改善することによって個人の問題は飛躍的に改善されるとする家族の視点からの臨床心理学の考え方と技法を論じる。新しい流れや技法も紹介。 |
|---|---|
| **家族臨床心理学の基礎**<br>問題解決の鍵は家族の中に | A5上製　174頁　2000円（804-6）　　[2001] |

| 若島孔文　著 | 人間理解および心理療法におけるコミュニケーションの重要性を指摘しつつ、個人や家族を援助するためのコミュニケーションの理解と実際の心理面接でセラピストが使用していく武器である言語について考える。 |
|---|---|
| **コミュニケーションの臨床心理学** | A5上製　132頁　1800円（812-7）　　[2001] |

| 村尾泰弘・高田知恵子　著 | 児童虐待・ドメスティックバイオレンス・凶悪な犯罪等現代人は子どもから大人まで強いストレス下に置かれている。本書はそのもたらす精神障害に対し、様々な援助・対応を中心に、こころの健康を考える。 |
|---|---|
| **ストレスとトラウマからの回復**<br>精神保健の新しい展開 | A5上製　208頁　2200円（976-X）　　[2004] |